마인크래프트
미니게임 만들기

우마공 운영진(박상우, 박재온 외 2인) 지음

YoungJin.com Y.
영진닷컴

마인크래프트 미니게임 만들기

ISBN : 978-89-314-7444-2

독자님의 의견을 받습니다.

이 책을 구입한 독자님은 영진닷컴의 가장 중요한 비평가이자 조언가입니다. 저희 책의 장점과 문제점이 무엇인지, 어떤 책이 출판되기를 바라는지, 책을 더욱 알차게 꾸밀 수 있는 아이디어가 있으면 팩스나 이메일, 또는 우편으로 연락주시기 바랍니다. 의견을 주실 때에는 책 제목 및 독자님의 성함과 연락처(전화번호나 이메일)를 꼭 남겨 주시기 바랍니다. 독자님의 의견에 대해 바로 답변을 드리고, 또 독자님의 의견을 다음 책에 충분히 반영하도록 늘 노력하겠습니다.

파본이나 잘못된 도서는 구입처에서 교환 및 환불해드립니다.

이메일 : support@youngjin.com
주　소 : (우)08512 서울특별시 금천구 디지털로9길 32 갑을그레이트밸리 B동 1001호
등　록 : 2007. 4. 27. 제16-4189호

STAFF
저자 우마공 운영진(박상우, 박재온 외 2인) | **총괄** 김태경 | **진행** 서민지 | **디자인 · 편집** 김소연
영업 박준용, 임용수, 김도현, 이윤철 | **마케팅** 이승희, 김근주, 조민영, 김민지, 김도연, 김진희, 이현아
제작 황장협 | **인쇄** 예림

놀이와 배움 사이 '몰입'의 경험

🟫 마인크래프트와 함께한 학창 시절

이 책의 독자 분들 중 대부분은 마인크래프트를 좋아하는 분들이겠지만, 단순히 내 아이가 마인크래프트를 좋아해서 책을 집어 들게 되신 분들도 계실 겁니다. 게임에 몰두하는 자녀가 너무 중독되지는 않을까 염려하시면서도 말이죠. 이런 걱정으로 가득한 학부모님들을 위해 먼저 제 얘기를 해볼까 합니다.

지금으로부터 10년이 넘게 지난 과거의 어느 날, 저희 어머니는 직장 동료에게 '요즘 유행하는 마인크래프트라는 게임을 아들에게 사 줘도 될지' 질문하셨다고 합니다. 마인크래프트를 며칠 동안 직접 플레이해 본 동료 분은 아이가 중독돼서 오래 할 만한 게임이 아니니 괜찮다고 답하셨고, 그 덕분에 저는 마인크래프트를 시작할 수 있었습니다. 이후로 제 십 대 시절의 전부를 마인크래프트와 함께했으니 동료 분의 신뢰도가 크게 실추되는 것은 당연한 수순이었죠.

그 분은 오판의 책임을 짊어진 채 제 인생이 흘러가는 것을 조마조마하게 지켜보셨습니다. 중학교 시절이 특히 쫄깃하셨을 것입니다. 억압적인 학교 생활을 견디기 힘들어 자퇴를 고민하고 그 영향으로 마인크래프트에 더욱 빠져드는, 외부에서 보기에는 악순환에 그지없는 일이 일어나고 있었으니 말입니다. 그러나 그 시간은 사실 저의 인생에서 큰 성장의 동력과 추진력을 얻는 시간이었습니다.

어른들의 눈에는 그저 방황하는 것처럼 보였을 그 시절, 저는 마인크래프트로부터 많은 것을 배우고 경험했습니다. 영어로 된 자료를 찾아 읽는 법, 내가 원하는 게임 규칙을 코드로 표현하는 법, 다른 사람들과 의견을 나누는 방법처럼 일상 속에서 이루어진 간단한 경험부터 국내외 유수 대학에 다니는 선배들과 팀을 짜서 협업하는 것처럼 웬만한 학생들은 해보지 못할 경험들까지 접해 볼 수 있었죠. 그때를 떠올려 보면, 대학 수학 범위를 넘나드는 지식들을 오로지 마인크래프트에 쓰기 위해 끌어오는 이들이 있었고, 그런 지인들의 말을 이해하기 위해 애썼던 시절이었습니다.

고등학생이 되고 학교 공부를 다시 잡았을 때 제가 느꼈던 건, 이미 제 머릿속 지식과 학습력이 상당히 늘어 있다는 것이었습니다. 게임을 더 잘하기 위해 스스로 공부하던 것이 습관으로 밴 덕분에 자습만으로도 큰 무리 없이 서울대에 입학할 수 있었죠. (거기서도 특별한 것을 가르치지는 않는다고 느껴서 3년 만에 졸업하고 나왔지만 말입니다.)

그리고 이 모든 일의 발단이 된 그 동료 분께서는 이제 제 성장에 대한 지분을 주장하고 계십니다.

🧱 사람을 모으고, 잇고, 재능을 발현하는 진짜 공부

어떠신가요? 제 일화를 흥미롭게 보셨다면 이후 자녀가 게임을 위해 하루 종일 수학 공부에만 매달리게 되는 건 아닐지 걱정(기대)되실 수도 있겠다는 생각이 듭니다. 이렇게 게임에 몰입하는 경험에 대한 새로운 시야가 트이게 된 분들도 계시겠지만, 여전히 의심이 가득한 분들도 계실 겁니다. 게임을 하다가 성장하는 것이 과연 일반적인 이야기일지, 몇몇 특별한 사람들에게만 해당하는 이야기가 아닐지 하는 것이죠.

그렇다면 이번에는 개인의 성장 동력으로서가 아니라, 현실의 직업과 관련된 마인크래프트 이야기를 들려드리겠습니다. 물론 마인크래프트 창작계에는 개발자 외에도 많은 직군이 있지만, 여기서는 이 책에서 다루는 '개발' 쪽에 한정해서 간단히 말씀드려 보고자 합니다.

마인크래프트 커뮤니티는 근 10여 년에 걸쳐 수많은 개발자들을 배출해 왔습니다. 한국 저연령층 개발자 클러스터 중 가장 안정적으로 오랫동안 지속된 곳들 중 하나이죠. 커뮤니티 내에 관련 분야 현직자도 많고, 다양한 연령대의 아동·청소년도 있습니다.

실력적으로 우수한 인원도 많아, 고등학교 졸업 전에 이미 기업으로부터 수년 차 경력직에 준하는 오퍼를 받는 등 대단한 사례를 주변에서 많이 접하고 있습니다. 또, 수상하게 개발 경험이 많은 중고등학생이 있으면 태반이 마인크래프트 때문이라고 해도 과언이 아닙니다.

마인크래프트라는 게임에는 배움이 있습니다. 흔히 생각하는 것처럼 아동기에나 적합한 말랑말랑한 배움이 아니고, 파고들수록 실제 공학적 원리들과 정보 기술에 접근하게 되는 진짜 공부입니다. 플레이어들은 마인크래프트를 하기 위해 모여서, 서로 연결되고, 하나하나 재능을 발현하고 있습니다.

🟫 놀이와 성장

지금 이 책을 펼친 분들은 대개 마인크래프트에 흥미가 있는 분들이겠지요. 그중에는 마인크래프트로 무언가 만드는 데 관심을 갖고 깊게 빠져드는 분도 있는가 하면 금방 흥미를 잃는 분도 많을 것입니다.

게임이 놀이와 성장 동력으로서 역할하는 데 있어 여러분이 '마인크래프트'에 흥미가 있는지 없는지가 가장 중요한 요소인 것은 아니라고 생각합니다. 많은 사람이 이 재밌는 게임을 해 주면 좋겠지만, 세상에는 저희가 사랑하는 이 게임 말고도 좋은 것들이 많이 있으니까요. 마인크래프트라는 게임 하나는 작은 일부일 뿐입니다.

제가 정말 멋지다고 생각하는 것은 어린 학생들이 만들어 내는 공동체 전체입니다. 학교나 학원 같이 시험 점수 높이기를 목표로 달리는 시시한 공간에서 주어지는 인간관계가 아닌, 한국에서 같은 시기에 같은 '놀이'를 좋아했기에 필연적으로 이어지는 공동체들 말입니다.

그 안에서 자신들만의 문화를 창조하고, 원래라면 절대 경험하지 못했을 일들을 경험하며, 때때로 돋보이기를 원해 경쟁하고, 서로와의 화학 반응을 통해 변화하는 모습을 지금보다 훨씬 더 많은 곳에서 볼 수 있으면 좋겠습니다. 그러기 위해서는 우리 사회에 만연한 '재미를 찾는 활동이 교육과 경쟁에 방해가 된다'라는 잘못된 인식부터 먼저 개선해야 합니다.

모쪼록 이 글을 읽는 부모님께서는 자녀의 취미가 오랫동안 큰 성장 자산으로 쓰일 수 있음을 이해하고, 나아가 그 관심의 영역이 더욱 넓고 깊게 발전할 수 있도록 지원을 아끼지 말아 주시기를 부탁드립니다. 그것이 자녀의 재능을 찾는 가장 쉬운 길이라고 믿습니다. 저희 마인크래프트 커뮤니티에서도 플레이어들의 성장을 위해 늘 노력하겠습니다.

2024년 2월
우마공 운영진 파챠 드림

국내 마인크래프트 대표 커뮤니티 〈우마공〉 운영진

🔷 〈우리들의 마인크래프트 공간〉을 소개합니다!

〈우리들의 마인크래프트 공간〉은 약 31만 명의 회원이 가입한 국내 최대 규모의 마인크래프트 커뮤니티입니다. 수많은 창작자와 개발자가 저마다의 작품, 작업을 자랑하고 유저들이 게임을 즐기며 이야기를 나누는 게이머들의 광장과 같은 곳입니다.

┃ 연혁

2011	네이버 대표 카페 / 베스트 건축, 명예 건축가 제도 운영
2012	네이버 대표 카페
2016	네이버 대표 카페 / 우마공 아카이브 출시
2019	맵 공모전 운영
2020	우마공 DB 출시
2021	주식회사 우마공크리에이티브 설립 / 셧다운제 폐지 공동 성명문 발의, 전시회 운영
2024	마인크래프트 가이드북(시스템 개발일지 시리즈) 출간

🔷 우마공, 한국 마인크래프트 역사의 산증인

2009년, 마인크래프트가 한국에 처음으로 소개되었습니다. 그리고 그 이듬해 양띵이 마인크래프트 방송을 시작할 때 즈음, 한국에도 마인크래프트 커뮤니티들이 우후죽순 생겨나기 시작했습니다. 최초의 마인크래프트 커뮤니티는 DC인사이드 고전게임 갤러리 유저들이 주축이 되어 설립한 마인크래프트 갤러리(마갤)라고 할 수 있으며, 네이버 카페 계열인 한마카, 네마공이 그 뒤를 이었습니다. (한마카와 네마공은 머잖아 이름을 각각 월마카, 우마공으로 변경하게 됩니다.)

마갤, 한마카, 우마공이라는 3대 커뮤니티는 서로 견제·협력하며 끊임없이 발전해 왔습니다. 하지만 2013년 한마카 매각에 이어 2014년에 마갤까지 매각되면서 이러한 라이벌 구도는 무너지고 맙니다. 그러나 이 당시 우마공도 매니저가 542일간 부재한 동안 카페가 둘로 분열되거나 부매니저 체제 아래 운영되는 등 내홍을 겪습니다. 2015년에는 매니저 양도 과정에서 발생한 분쟁으로 다시 카페가 둘로 나뉘어 공방을 펼치다가, 이듬해에 우마공에 새로운 매니저가 취임하며 정상화됩니다.

　　규칙, 디자인, 운영진이 정비되고 새로운 게시판들이 생성되며 우마공은 빠르게 안정화되었고, 커뮤니티 본연의 역할에 집중하기 시작합니다. 베스트 건축, 맵 공모전, 정품 서버 배너·공지와 같은 제도를 통해 유저들을 지원했습니다. 긴 시간 동안 운영되었던 MK, 마한커가 사라지고, 한마포, 스티브 갤러리가 새로이 부상하는 동안에도 우마공은 변함없이 자리를 지켜왔습니다. 2020년 코로나19 팬데믹으로 우리 사회에 비대면 방식이 자리 잡은 시기에는 청와대 어린이날 맵, 유튜브 크리에이터 타운과 같이 유저가 플레이할 수 있는, 또는 크리에이터가 방송할 수 있는 메타버스 콘텐츠를 직접 제작하기도 했습니다.

　　2021년에는 셧다운제로 마인크래프트가 성인 게임이 될 수 있다는 위기를 인지하고, 셧다운제를 폐지시키기 위해 '김성회의 G식백과'에 제보하여 이슈를 촉발하고 열 개의 커뮤니티 공동 성명문을 대표 발의하는 등 각계각층과 협력하여 게이머들의 최전선에 섰습니다. 결국 셧다운제가 폐지되며 우마공은 마인크래프트 게이머, 나아가 전체 게이머의 권리를 지켜 냈습니다.

🟫 마인크래프트 창작자, 개발자들의 광장

　　31만여 명이 가입한 우마공은 13년이라는 오랜 기간 동안 창작자, 개발자들이 제 실력을 뽐내고 유저들이 소통할 수 있는 광장 역할을 해 왔습니다. 수십만 명이 열람한 탈출맵, 수만 명이 감탄한 건축물, 수천 명이 내려받은 플러그인·리소스, 수백 명이 댓글을 단 만화가 우마공에 올라왔습니다. 창작열을 불태운 자신의 작품을 뽐내고 싶었던 사람들은 우마공에서 많은 환

호와 호응을 받고 미소를 띤 채 돌아갈 수 있었습니다.

유저들은 자신이 원하는 정보나 자료를 찾기 위해, 멋진 작품들을 구경하기 위해, 또는 함께 일할 사람이나 플레이할 서버를 찾기 위해 우마공을 여러 차례 방문해 왔습니다. 그렇게 모인 유저들끼리 다음 업데이트는 무엇일지 상상하고, 각자의 마인크래프트 일상을 공유하고, 때로는 서버의 운영 방향에 대해 심도 있는 토론을 하기도 하며 우마공이라는 공동체 안에서 다양한 이야기가 펼쳐져 왔습니다. 유명 크리에이터들도 우마공에 올라온 맵을 플레이하고, 또 개발 정보를 얻기 위해 우마공을 방문하곤 합니다.

🔲 회로와 맵 노하우를 전수받고 맵 제작자가 되어 보세요!

십수 년간 마인크래프트 게이머들의 요람이었던 우마공은 이제 운영진과 유저들이 협동하여 우마공만의 마인크래프트 가이드북을 출간하려고 합니다. 특히 이 책은 회로와 맵을 다루는 베테랑 게이머들이 모여 여러 노하우를 집대성하여 만들었습니다.

부족하지만 저희가 알고 있는 것들을 독자 분들께 차근차근 쉽게 알려드릴 것입니다. 저희의 가이드가 여러분이 마인크래프트를 더 재미있고 즐겁게 플레이하는 데 도움이 되길 바랍니다. 그리고 한발 더 나아가 여러분에게 내재된 창의력을 발휘하여 레드스톤 회로뿐 아니라 머릿속 회로 또한 활성화시키는 데에 도움이 되었으면 좋겠습니다.

마인크래프트 플레이에서 맵의 중요성은 막대합니다. '탈출맵'이라고 불리는 유형의 맵은 야생, 즉 바닐라 플레이에서 벗어나 퍼즐, 어드벤처, RPG 등 색다른 장르의 게임을 즐길 수 있게 합니다. 이러한 2차 창작은 게이머가 게임을 지루해하지 않고 계속해서 새롭고 재미있는 경험을 할 수 있는 원동력이 됩니다.

〈히로빈의 저택〉, 〈파넬리〉 같은 맵을 플레이하며 이런 맵은 어떻게 만드는지, 내가 만들 수 있을지 궁금했던 적이 있으신가요? 그렇다면 잘 오셨습니다. 앞으로는 여러분이 마인크래프트 맵 제작자가 되어 직접 게임을 만들어 나갈 겁니다. 분명 멋지고 재미있는 맵을 만들 수 있을 테죠. 건투를 빕니다!

우마공 매니저 전현수 드림

"이젠 우리(가 제작자가 될) 차례야!"

🧱 주요 집필진 프로필

(PO 파바네온(박상우))

"작은 블록으로 상상속의 왕국을 만들어 가는 놀이,
여러분도 해 보신 적 있나요?
이제 디지털 공간에서 꿈의 도화지를 펼쳐 봅시다!
상상한 모든 것을 마인크래프트를 통해 만들어 보는 거예요!"

▎저자 이력

서경대학교 아트앤테크놀로지학과 재학 중
우마공 크리에이티브 부사장

★★★
前 샌드박스 네트워크 PD
前 픽셀 네트워크 콘텐츠 제작 PD
前 2020 유튜브 크리에이터 타운 개발진
前 2021 유튜브 크리에이터 타운 PD

(편집 파차(박재온))

"레드스톤과 명령어에는 익숙하지 않은 플레이어로,
이번 집필 작업에 합류하면서 많은 내용을 배웠습니다.
역시 무언가를 새로 배우는 것이 가장 재밌습니다!"

▎저자 이력

서울대학교 컴퓨터 공학부 졸업
우마공 정보 · 자료 팀장

★★★
前 마인크래프트 서버 "에픽 플래닛" 개발진
前 양띵TV 콘텐츠 제작팀 "새로운팀" 개발진

★★★
마인크래프트 자바 에디션 한국어 번역 검수
《마인크래프트 몹 백과사전》(영진닷컴, 2017) 번역

콘텐츠 제작 태산(송현우)

"저는 코딩과 전혀 관련이 없는 음악을 공부했어요.
그런데도 마인크래프트에선 콘텐츠 제작자랍니다.
어때요, 여러분도 할 수 있겠죠?
마음만 먹으면 못 만드는 게 없는 마인크래프트 세상에서
여러분의 무한한 상상력을 마음껏 펼칠 수 있길 바랍니다."

▌저자 이력

前 마인크래프트 창작 팀 The FOMMIK
대표 (2020.09.04~2023.03.31)

★★★
'우마공' 제1회 맵 공모전 1위 / 파넬리 : 또 하나의 영웅 Pt.1
'우마공' 제4회 맵 공모전 1위 / 무궁화
'우마공' 제5회 맵 공모전 1위 / 마녀의 기묘한 서커스

콘텐츠 제작 데오키아

"마인크래프트로 야생만 즐기다 2015년도부터는 레드스톤 회로를 이용한
창작을 했습니다. 최근 명령어의 매력에 빠져 이것저것 제작해 참여하던 중에
연이 닿아 이 출판 프로젝트에 함께하게 되었습니다.
오차 없는 정밀함을 좋아하는 성격 덕에 0.01단위로 텔레포트하며
각도와 위치를 맞춰 촬영했습니다. 이 책으로 많은 분들이 명령어와
레드스톤 회로에 눈을 뜨고 관심을 가지게 되었으면 좋겠습니다."

▌저자 이력

마인크래프트를 11년 넘게 플레이한
마크 전문 유튜버

★★★
유튜버 YT애플 '두유럽미?' 외 여러 콘텐츠 제작
★★★
'우마공' 제4회 맵 공모전 3위 / BPC

목차

Part 3

피날레

이 책의 구성

PART 1 레드스톤

게임 코딩을 배우기 전, 우리가 알아야 하는 가장 중요
한 개념들이 있습니다. 파트 1에서는 마인크래프트 레
드스톤 설계를 배우고 회로를 직접 만들어 보며 게임
코딩을 위한 기초 개념을 학습합니다.

PART 2 커맨드 블록

본격적인 게임 코딩으로 넘어가는 단계입니다. 커맨드
블록을 활용해 파트 1에서 배웠던 개념들을 실제 게임
코딩에 적용해 봅니다.

PART 3 피날레

파트 1과 2에서 학습한 내용을 제대로 활용할 수 있는
실전 파트입니다. 앞에서 단단히 다진 레드스톤 설계,
명령어 지식을 바탕으로 하나의 미니게임을 만들어 보
겠습니다!

PART 1

레드스톤

현실에서 다양한 전자 회로와 기계 장치를 이용하듯이, 마인크래프트에서는 레드스톤 장치를 만들어 많은 일을 자동화할 수 있어요. 편리한 일상을 즐기려는 서바이벌 고수들, 마인크래프트로 새로운 게임을 만들어 내는 미니게임 개발자들, 그저 마인크래프트의 한계가 어디까지인지 확인하고자 하는 공학자들까지 다양한 유형의 플레이어들이 레드스톤을 이용하고 있어요.

이번 파트에서는 다양한 레드스톤 장치의 원리를 공부해요. 챕터 1에서는 레드스톤 장치의 기본 개념을 접하고, 챕터 2부터 5까지에 걸쳐 '고대 사원', '거북선', '전망대', '비밀 기지'라는 테마로 레드스톤 장치를 만들면서 장치 설계에 쓰이는 응용된 기술들까지 알아볼 거예요.

지금까지와 완전히 다른 방식으로 마인크래프트를 플레이할 준비가 됐나요?

마인크래프트
미니게임 만들기

레드스톤 개요

레드스톤은 마인크래프트에서 다양한 자동 장치를 만들 수 있게 해 주는 시스템입니다. 간단한 원리에서부터 시작하는 직관적인 분야이자 마인크래프트의 동작을 가장 자세히 다루는 분야 중 하나예요. 현실의 전자 회로에서 많은 개념을 따오면서도 마인크래프트에 어울리도록 만들어져 있기 때문에 레드스톤은 플레이어를 어느새 전자 공학이나 컴퓨터 공학의 세계로 이끌기도 한답니다.

시작하기

레드스톤 장치를 설계하기 위해서는 먼저 여러 블록의 역할을 알아야 합니다. 마인크래프트에는 정말 많은 종류의 블록이 있지만, 그중에서 레드스톤 시스템에서 특별한 역할을 하는 블록들은 크리에이티브 보관함의 [레드스톤 블록] 탭에 모여 있습니다.

간단한 장치의 예로, 레드스톤 조명을 레버로 켜고 끌 수 있게 해 보겠습니다. 조명을 놓고, 레버를 그 옆에 달았어요.

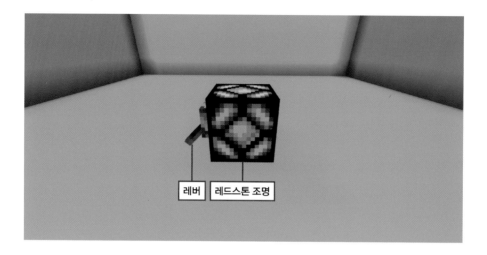

레버를 우클릭하면 조명이 켜지고, 다시 우클릭하면 꺼집니다. 그 원리는 현실의 전기 신호처럼 마인크래프트의 블록들 사이에 레드스톤 신호가 전달되기 때문이에요.

레버는 그 상태에 따라 레드스톤 신호를 주위로 전달하는 성질이 있고 조명은 신호를 받으면 불이 켜지기 때문에 두 물체를 붙여 두는 것만으로도 장치를 만들 수 있습니다. 여기서 레버는 레드스톤 신호를 발생시키는 **발신기**이고, 조명은 신호를 받아 정해진 동작을 하는 **작동기**입니다.

한편, 발신기와 작동기가 꼭 붙어 있지 않아도 됩니다. 레드스톤 가루를 땅에 놓으면 전선처럼 사용할 수 있어서 15 블록 길이까지는 신호를 이어 줄 수 있습니다.

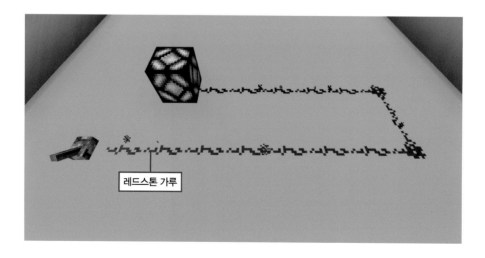

위 그림에서 레드스톤 가루는 레드스톤 신호를 전달하는 **전달기**입니다. 전달기는 단순히

신호가 닿도록 이어 주는 것뿐만 아니라, 회로의 복잡한 처리를 가능하게 하는 여러 역할을 담당하고 있습니다.

간단히 살펴본 예에서 레드스톤과 관련된 중요한 세 가지 부품을 알게 되었습니다. 정리해 보면 다음과 같습니다.

- 발신기: 레드스톤 신호를 발생시킨다. (예: 레버)
- 작동기: 레드스톤 신호를 받아 정해진 동작을 한다. (예: 레드스톤 조명)
- 전달기: 레드스톤 신호를 전달시킨다. (예: 레드스톤 가루)

이런 부품 블록들을 이용해서 발신기에서 나온 신호가 전달기를 거쳐 작동기에 도달하는 과정을 만들어 내는 걸 '레드스톤 설계'라고 합니다. 그럼 레드스톤 설계에서 가장 중요한 것은 무엇일까요? 발신기, 작동기, 전달기 설명에서 공통적으로 나타난 단어가 보이나요? 그렇습니다, 바로 '레드스톤 신호'입니다. 마인크래프트 세계에서 기계 장치를 작동시키려면 먼저 레드스톤 신호가 잘 전달되도록 설계하는 것이 중요하죠.

이번 챕터에서는 레드스톤 설계의 기초를 단단히 다지기 위해 레드스톤과 관련된 기본 개념부터 살펴볼 것입니다. 그런 다음 챕터 2부터는 각종 기계 장치를 직접 만들어 보며 더 많은 개념을 익혀 볼 것이죠. 레드스톤 설계를 마스터하기 위한 여정을 시작할 준비되었나요? 그럼 레드스톤 신호부터 시작하겠습니다.

그럼 나는 사랑을
발생시키는 발신기인가?!

발신기에서 발생하는 신호는 세기를 가지고 있습니다. 신호가 없을 때가 세기 0이고, 가장 강한 신호는 세기 15입니다. 레버와 같은 대부분의 발신기는 켜져 있을 때 가장 강한 신호인 15를 냅니다.

레드스톤 가루로 전선을 길게 이었을 때 그 신호가 레버에서 멀어질수록 가루의 색이 밝은 빨간색에서 어두운 빨간색으로 변하는 것을 볼 수 있습니다. 그 이유는 레드스톤 가루는 신호가 강할수록 밝은 빛을 내고 약할수록 어두운 빛을 내는데, 가루에서 가루로 전달된 신호 한 칸마다 세기가 1씩 줄어들기 때문입니다. 다시 말해 발신기에서 멀어질수록 점점 신호의 세기가 줄어들어 어두운 빛을 띠게 된다는 것이죠.

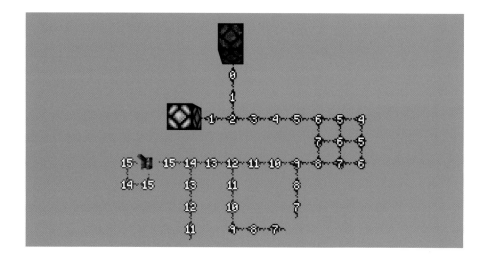

레버에서 시작된 신호는 그 바로 옆에 있는 가루에서 세기가 15입니다. 그리고 레드스톤 가루를 통해 신호가 전달되면서 점점 세기가 약해집니다. 조명 중 하나는 너무 거리가 멀어서 세기가 0, 즉 신호를 전달받지 못했습니다.

> ➕ **알아두기** 가루에서 가루로 전달되는 신호는 1이 줄어듦에 유의하세요!

발신기로부터 멀어질수록 신호가 약해진다는 것을 알게 되었습니다. 그렇다면 다음 그림과 같이 발신기가 한 개가 아니라 여러 개가 있다면 어떻게 될까요?

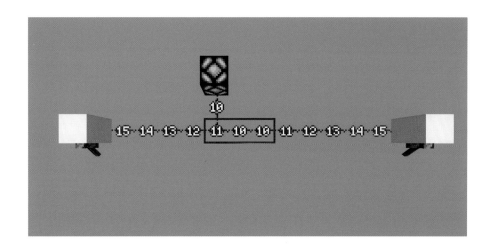

　　여러 방향에서 온 신호가 만나더라도 신호가 더해지는 것은 아니고, 더 큰 쪽을 따릅니다. 예를 들어 한 레드스톤 가루 주위에 신호가 11인 가루와 10인 가루가 있다면, 더 센 쪽인 11로부터 신호를 전달받고, 여기서 1이 줄어들어 결과적으로 신호는 10이 됩니다.

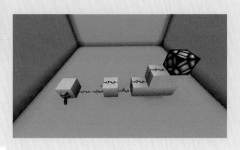

블록 위아래로도 신호 전달 가능

여기에서는 이해를 돕기 위해 평면에서 활용하는 예시를 보여 주고 있지만 레드스톤 가루는 계단처럼 한 칸 위나 아래로도 신호를 전달할 수 있습니다.

신호가 닿지 않아…
더 가깝게 와줄 순 없겠니…?

만약 신호를 15 블록보다 더 멀리 전달하고 싶다면 어떻게 해야 할까요? 현실에서는 신호를 더 먼 곳으로 보내고 싶을 때 중계기(Repeater)라는 걸 이용합니다. 예를 들어, 방송국에서 송출한 신호가 우리집 TV 화면에 전달되는 것도 중계기가 있기 때문에 가능한 일이죠. 이처럼 마인크래프트에서도 '레드스톤 중계기'라는 블록을 이용합니다.

레드스톤 중계기를 방향을 맞춰 놓으면 가루를 멀리 잇는 데 사용할 수 있습니다. 중계기는 자신의 뒷방향으로 들어온 신호를 확인해서 신호가 있기만 하다면 최대 세기인 15의 신호를 앞으로 내보냅니다. 아래 그림을 보세요.

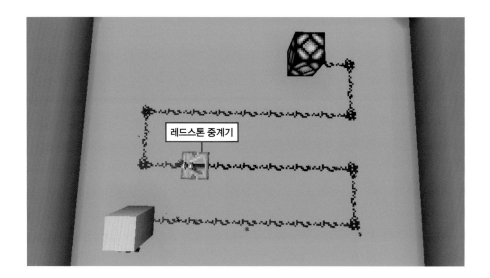

레드스톤 중계기

어두운 빛을 띠는 신호에 중계기를 놓고 이으니 다시 밝은 빛으로 전환된 것을 볼 수 있습니다. 1까지 줄어든 신호를 15로 복원해 준 것이죠. 위 예시 그림에서는 여기에 다시 레드스톤 가루로 15 블록을 연결해 조명을 작동시켰지만, 만약 발신기와 작동기가 이보다 더 멀리 있다면 중계기를 몇 개 더 사용해서 이어 주면 됩니다.

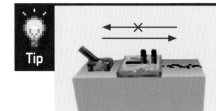

중계기의 방향은 언제나 뒤에서 앞으로!

중계기가 신호를 전달하는 방향은 '뒤에서 앞으로'로 정해져 있고 반대로는 전달하지 못합니다. 그러니 중계기를 놓을 때는 항상 방향을 신경 써 주세요.

중계기가 신호를 전달하는 데에는 일정한 지연 시간이 있습니다. 기본적으로 0.1초로 설정되어 있고, 우클릭할 때마다 0.1초씩 늘어 0.4초까지 늘었다가 다시 0.1초로 돌아옵니다. 중계기에 보이는 두 개의 횃불 사이의 거리가 지연 시간을 의미해요.

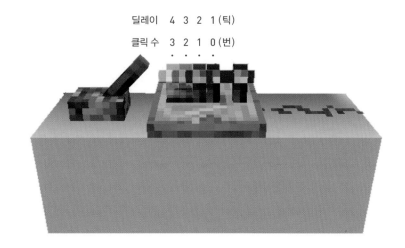

지연이 생긴다는 것은 중계기의 단점이면서 유용한 기능이기도 합니다. 중계기로 인해 많은 회로의 지연 시간이 0.1초 단위이기 때문에 0.1초를 "1 레드스톤 틱"이라고 부릅니다.

⊕ 알아두기 마인크래프트의 모든 기본 시간 단위는 틱이며, 1틱은 0.05초입니다. 레드스톤에서 등장하는 틱 역시 마인크래프트의 시간 단위를 따르므로 틱이라는 표현 자체는 동일하다고 볼 수 있습니다. 다만 레드스톤에서는 기본 지연 시간이 0.1초라서 '레드스톤 틱'이라고 별도로 지칭해 부른다는 점을 기억해 주세요!

중계기만 있다면
나도 배터리 충전 완료!

지금까지 살펴본 예시에서는 레드스톤 신호를 전달하는 전달기로 레드스톤 가루를 사용했습니다. 하지만 레드스톤 가루에만 신호가 통하는 것은 아닙니다. 신호가 통하는 블록은 다양하죠. 이번에는 신호가 통하는 블록과 그렇지 않은 블록들에 대해 알아보겠습니다.

마인크래프트 블록은 레드스톤 도체와 레드스톤 부도체로 구분할 수 있습니다. 도체는 신호가 통하는 블록이고, 부도체는 신호가 통하지 않는 블록을 말합니다. 도체가 정확히 어떻게 동작하는지는 잠시 뒤에 설명하겠습니다!

블록을 도체와 부도체로 구분하는 기준은 일관적이지 않지만, 다음 조건을 모두 만족하는 것들은 대부분 도체입니다.

1. 완전히 불투명하다.
2. 한 블록이 꽉 차 있는 고체이다.
   - ❷ 반 블록, 계단 등 X
   - ❷ 물, 용암 등의 액체 X
3. 유리 · 발광석 · 얼음 재질이 아니다.

예를 들어 잔디 블록, 돌, 목재 등은 도체입니다. 한편 나뭇잎은 설정에 따라 반투명해지기 때문에 부도체이고, 반 블록이나 계단, 모루, 비계 등은 한 블록이 꽉 차 있지 않기 때문에 부도체입니다.

도체 예시

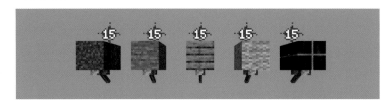

부도체 예시

그러나 예외도 있습니다. '슬라임 블록'은 반투명한데도 도체입니다. 무조건 겉모습에 따라 도체가 결정되지는 않는다는 이야기이죠! 이처럼 예외가 존재하기 때문에 항상 실험이나 검색을 통해 도체인지 부도체인지 확인해 봐야 해요!

다음은 또 다른 도체/부도체 실험입니다. 하얀색 블록 세 개는 비슷해 보이지만 위부터 각각 ① 눈 블록, ② 완전히 쌓은 눈 층, ③ 가루눈입니다. 생긴 건 똑같지만 '눈 블록'만 신호가 통하는 것을 볼 수 있습니다.

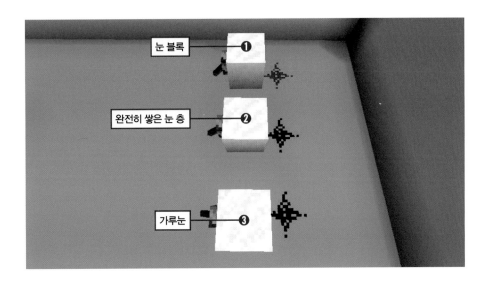

레드스톤 장치를 만들 때 도체나 부도체가 필요한 경우, 조건만 맞는다면 어떤 블록을 사용해도 문제가 없습니다. 본인이 알아보기 편한 블록을 선택하면 되죠.

이 책에서는 주로 도체로는 알록달록한 콘크리트를, 부도체로는 유리나 발광석을 사용하고 있습니다. 또는 주변 건축물과 어울리는 블록을 도체로, 해당하는 반 블록을 부도체로 쓰기도 합니다.

▶ 도체의 신호 전달 방식

마인크래프트에서 도체가 신호를 전달하는 방식은 상당히 특이합니다. 무엇이 특이한 건지 예시로 살펴보는 게 좋겠죠? 그럼 먼저, 신호를 받으면 불이 켜지는 작동기이면서 도체에 속하는 '레드스톤 조명'을 레버 주위에 늘어놓아 보겠습니다. 예시 그림 가운데에 있는 레버는 주위(동서남북)로 신호를 내보내고 있습니다.

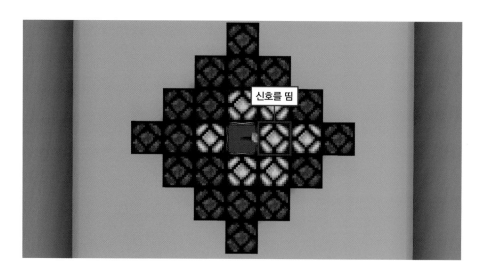

레버가 주위로 신호를 내보낸다고 했는데 이상하게도 레버가 부착된 오른쪽 조명의 주변까지 불이 켜져 있습니다. 왜 그런 걸까요? 이것은 레버가 주위 블록을 작동시키는 것에 더해, 레버가 부착된 블록이 도체일 경우 그 도체가 신호를 띠게 하기 때문입니다.

신호를 띤 도체는 주위로 신호를 전할 수 있습니다. 레버는 오른쪽 조명에 붙어 있기 때문에 그 조명은 신호를 띠게 되고, 그래서 그 주위 조명들도 작동하는 것이죠. 도체에 레드스톤 신호를 전달할 때, 신호를 띠게 하는 것은 일반적인 전달보다 강한 개념임을 기억해 주세요!

레버 주위로 나온 신호는 레드스톤 가루로 이어 줄 수 있고, 도체를 통한 신호도 가루로 이을 수 있습니다. 하지만 다음 그림의 아래 방향처럼 도체가 신호를 띠지 않은 경우에는 그 뒤로 신호가 전해지지 않습니다.

신호를 띤 도체가 다른 도체로 하여금 신호를 띠게 만들지는 못합니다. 따라서 도체 두 블록 이상을 넘어 신호가 전해지지는 않는 것이죠.

▶ 레드스톤 가루나 중계기에서 전달되는 신호

'레드스톤 가루'나 '중계기'에서 전달되는 신호는 주위에 있는 도체가 신호를 띠게 만듭니다. 그래서 도체 한 블록을 통해 신호를 전달할 수 있고 그 주위에 둔 조명도 켜집니다. 아래 그림에서 확인해 보세요.

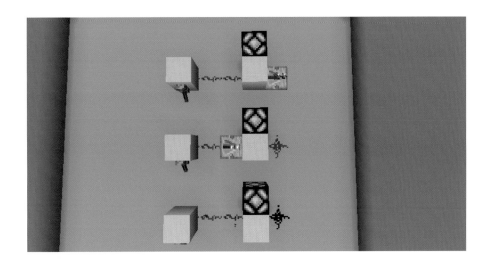

그런데 뭔가 이상한 점이 보입니다. 맨 아래 오른쪽 레드스톤 가루는 신호를 받지 못해 비활성화되어 있습니다. 주위에 있는 조명이 켜져 있는 걸 보면 도체가 신호를 띠고 있는 것은 분명한데, 왜 레드스톤 가루에는 신호가 전해지지 않았을까요?

이는 예외적인 규칙으로, 레드스톤 가루와 가루 사이를 도체로 이어서 신호를 전하는 것은 불가능합니다.

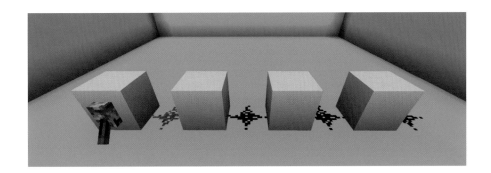

만약 이것이 가능했다면 중계기 없이 멀리까지 신호를 전할 수 있었을 텐데 아쉬워요. 신호의 세기는 신호가 **가루에서 가루로** 전달될 때만 1씩 줄어드니까, 도체와 가루를 번갈아 놓으면 신호가 약해지지 않았겠죠.

지금까지는 '레버'와 '레드스톤 조명'만 사용해 신호 전달의 기본을 알아보았습니다. 그렇지만 레드스톤은 레버로 불을 켜는 것 외에도 많은 일을 할 수 있습니다. 훨씬 더 다양한 장치를 만들 수 있도록, 자주 쓰이는 발신기와 작동기 몇 가지를 살펴보겠습니다.

▶ 발신기

버튼

버튼은 레버와 유사한 발신기입니다. 버튼이 켜지면 주위로 신호를 전하고 버튼이 부착된 도체는 신호를 띠게 됩니다. 그러나 켜고 끄는 방식인 레버와 달리 버튼은 눌러서 켤 수만 있고 일정 시간 뒤 자동으로 신호가 꺼집니다.
나무 버튼은 1.5초, 돌 버튼은 1초 동안 켜져 있으며, 나무 버튼은 화살로 맞혀서도 누를 수 있습니다.

압력판

압력판은 땅에 설치하는 발신기로, 플레이어나 몹 등 개체가 밟고 있으면 켜집니다. 압력판은 주위로 신호를 전하고 아래에 있는 도체는 신호를 띠게 합니다.
나무 압력판은 돌 압력판과 다르게 아이템이나 경험치 구슬, 화살 등으로도 켜질 수 있습니다.

레드스톤 블록

레드스톤 블록은 항상 켜져 있는 발신기입니다. 주위로 신호를 전하지만 도체가 신호를 띠게 하지는 않습니다.

레드스톤 횃불

레드스톤 횃불은 기본적으로 켜져 있는 발신기이기 때문에 레드스톤 블록과 같은 용도로 많이 쓰입니다.

마인크래프트에서 자주 쓰이는 발신기로 레버뿐만 아니라 버튼, 압력판, 레드스톤 블록, 레드스톤 햇불 등이 있다는 걸 알게 되었습니다. 그런데 그중 '레드스톤 햇불'에는 특별한 기능이 있습니다. 레드스톤 햇불은 땅이나 벽에 부착할 수 있으며 기본적으로 켜져 있는 발신기입니다. 그렇기 때문에 부착 시 기본적으로 불이 켜져 있고, 부착된 블록으로부터 신호를 받으면 불이 꺼집니다. 예를 들어 다음 회로(Circuit) 그림을 봐 주세요.

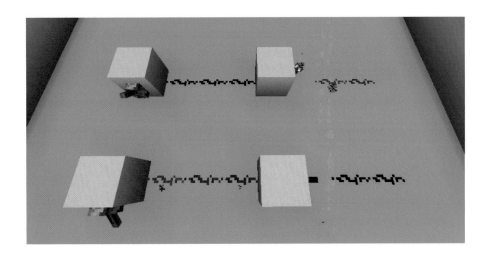

현실에서 회로는 전류나 기류 등이 흐르는 통로이지만 마인크래프트에서는 레드스톤 신호가 흐르는 통로를 의미합니다. 위 그림에는 동일한 구조를 가진 두 개의 회로가 나타나 있습니다. 다른 점은 위쪽은 레버를 끄고 아래쪽은 레버를 켰다는 점입니다.

위쪽 회로에서는 레버에서 오는 신호가 없기 때문에 레드스톤 햇불이 정상적으로 켜져 오른쪽으로 신호가 흐르고 있습니다. 그러나 아래쪽 회로에서는 레버에서 오는 신호가 있어 '레드스톤 햇불이 부착된 도체'가 신호를 띠게 됩니다. 그리고 그로 인해 레드스톤 햇불이 꺼지고 오른쪽으로 신호가 흐르지 않습니다.

즉 레버를 끄면 불이 켜지고 레버를 켜면 불이 꺼지는, 입력과 반대되는 출력을 보이는 회로를 만든 것입니다. 이렇게 레드스톤 햇불을 이용해 신호의 상태를 뒤집는 회로를 NOT 게이트라고 합니다. 자주 쓰이는 회로이니 꼭 기억해 주세요.

한편 레드스톤 햇불은 부착된 블록으로는 신호를 내보내지 않고, 그 방향을 제외한 주위로 신호를 내보내며, 위에 있는 도체가 신호를 띠게 합니다. 이렇게 방향마다 다르게 작동하기 때문에 다음 그림에서도 각 방향으로 켜진 조명의 개수가 다른 것을 볼 수 있습니다.

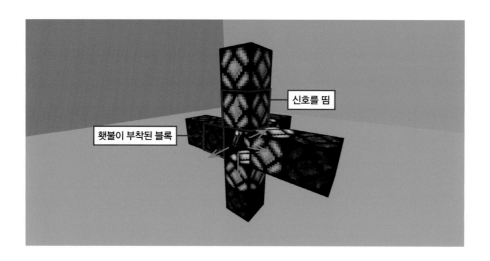

신호를 띔

햇불이 부착된 블록

이처럼 부착된 블록에서 오는 신호를 읽어 뒤집은 뒤 그 외 다른 방향으로 내보낸다는 점에서 레드스톤 햇불은 전달기의 측면도 겸한다고 볼 수 있습니다.

▶ 작동기

이번에는 마인크래프트에서 자주 쓰이는 작동기들에 대해 알아보겠습니다. 앞서 살펴본 레드스톤 조명과 더불어 문, 피스톤, 발사기와 공급기가 레드스톤 설계에 가장 자주 쓰이는 작동기입니다.

나무 문, 철 문, 울타리 문, 나무 다락문, 철 다락문은 신호를 받으면 열리는 작동기입니다. 그중 철 문과 철 다락문은 신호가 없는 상태에서는 우클릭으로 열 수 없습니다.

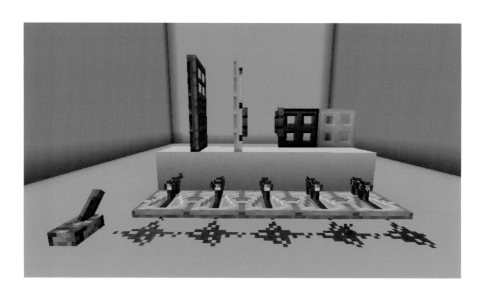

피스톤과 끈끈이 피스톤은 신호가 켜지면 전방으로 팔을 뻗고 신호가 꺼지면 팔이 다시 들어가는 블록입니다. 켜질 때 전방에 블록이나 몹이 있으면 밀어 버립니다. 피스톤은 챕터 2부터 본격적으로 사용해 볼 예정입니다.

발사기와 공급기는 신호가 켜질 때마다 안에 넣어 둔 아이템을 앞으로 뱉어 내는 작동기 입니다. 둘 모두 우클릭을 해서 내부 보관함을 열고 아이템을 넣을 수 있습니다. 아이템이 여럿 있다면 그중 어느 칸의 아이템을 사용할지는 무작위로 선택됩니다.

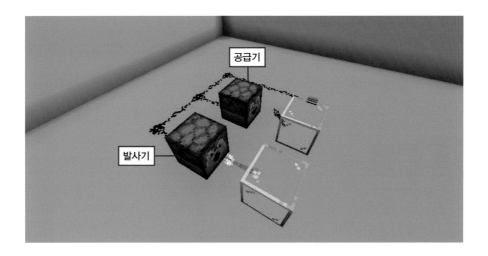

공급기는 항상 아이템을 앞으로 떨구는 반면, 발사기는 아이템에 따라 다양한 특수 처리가 가능합니다. 예를 들어 화살이나 화염구 등은 발사하고, 뼛가루는 사용하고, 부싯돌과 부시로는 불을 피웁니다. 위 그림에서도 공급기에서는 화살 아이템이 그대로 떨궈졌고, 발사기에서는 화살이 발사되어 앞에 꽂혔습니다. 단순히 아이템을 떨구고 싶으면 공급기, 아이템을 사용하는 동작이 필요하면 발사기를 쓰면 됩니다.

여기까지의 내용을 바탕으로 여러분은 이제 레드스톤 장치를 이해할 수 있게 되었습니다! 어떤 장치를 만나더라도 원리를 차근차근 분석하면 설계를 이해하고 습득할 수 있을 거예요. 챕터2부터는 부품들을 조합해서 실제로 장치를 만들어 보겠습니다.

이제 회로를 만들어 볼 차례야!
개념들을 머릿속에 정리해 보자고~

고대 정글 사원

잊힌 고대 사원 어딘가에는 우리가 모르는 비밀이 숨겨져 있습니다. 옛날부터 많은 맵 제작자들이 미지의 고대 구조물을 탐험하는 이야기를 만들어 왔죠. 우리가 지을 사원은 어떤 모습이면 좋을까요? 레드스톤 장치를 이용한 멋있는 정문을 만들어 고대 문명의 기술력을 보여 주고, 장치를 미처 알아채지 못한 플레이어들을 처단할 함정도 설치해 봐요!

배워 보기 – 피스톤

피스톤은 레드스톤 장치로 블록이나 생물 등을 움직이고 싶을 때 사용하는 블록입니다. 몸통과 팔로 이루어져 있어 팔을 쭉 뻗어서 앞에 있는 것들을 한 칸 밀어 버릴 수 있죠. 레드스톤의 부품들이 대부분 그렇듯이 그 자체로는 '한 칸 밀기'라는 단순한 기능밖에 없지만 응용하면 무궁무진한 결과물을 만들어 낼 수 있습니다.

피스톤은 레드스톤 신호를 받으면 팔을 뻗어 앞에 있는 블록을 밀어내고, 신호가 꺼지면 팔을 다시 집어넣습니다.

피스톤의 종류에는 일반 피스톤과 끈끈이 피스톤이 있으며, 끈끈이 피스톤은 팔의 앞면에 초록색 슬라임이 묻어 있는 것으로 구별할 수 있습니다.

일반 피스톤

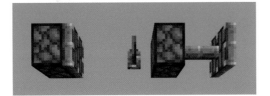

끈끈이 피스톤

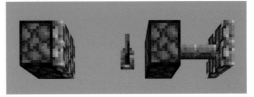

▶ 피스톤의 특징

일반 피스톤과 다르게 끈끈이 피스톤은 신호가 꺼졌을 때 블록을 다시 당겨 온다는 차이가 있습니다. 따라서 끈끈이 피스톤은 신호가 꺼지면 원상태로 돌아와야 하는 종류의 장치에 유용합니다.

바로 아래 그림에서 일반 피스톤과 끈끈이 피스톤의 차이를 확인할 수 있습니다.

블록 밀기

블록 당기기

또한 피스톤은 블록을 한 번에 12개까지 밀 수 있습니다. 당기는 것은 끈끈이 피스톤만 가능한데, 그마저도 한 번에 1개만 당겨 올 수 있습니다.

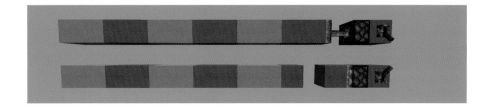

피스톤이 밀 수 없는 블록도 있습니다. 예를 들어 흑요석, 기반암, 상자, 화로 등은 밀 수 없습니다.

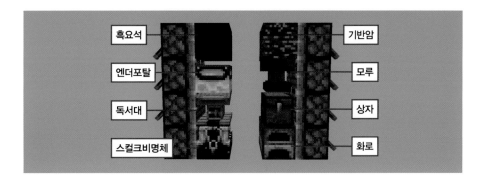

그리고 피스톤은 전방(팔이 있는 방향)으로부터는 신호를 받지 않습니다.

철사덫 갈고리는 연결된 실 위를 지나가는 개체(플레이어, 몹 등)를 감지하여 신호를 내는 발신기입니다. 먼저 철사덫 갈고리 한 쌍을 마주 보게 설치하고, 그 사이에 있는 모든 블록에 실을 놓아 이어 줍니다. 개체가 연결된 실을 밟으면 인접한 블록에 최대 세기의 신호를 보내고, 부착된 도체가 신호를 띠게 합니다.

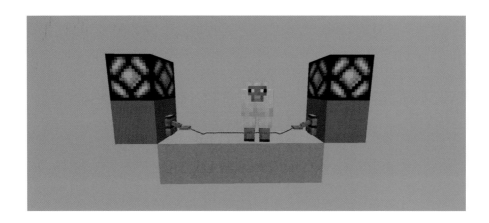

신호는 실 위에 개체가 있는 동안 계속 켜져 있습니다.

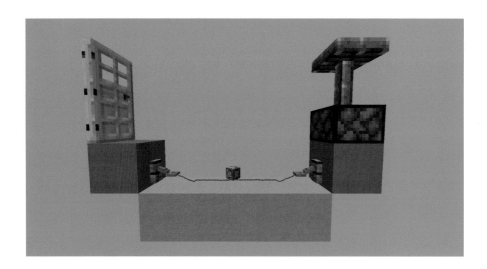

연결된 실이 파괴될 때에도 0.5초간 신호를 냅니다.

> ➕ **알아두기** 가위를 이용해 실을 캐면 신호를 내지 않습니다. 함정을 작동시키지 않고 해체해야 할 때 유용하겠죠?

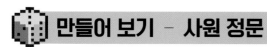 **만들어 보기 – 사원 정문**

아래 그림과 같은 사원에서 쓸 만한 석문을 제작하기 위해 어떤 것들이 필요할까요?

원래 상태(입구가 막혀 있음)

압력판을 밟았을 때(입구가 열림)

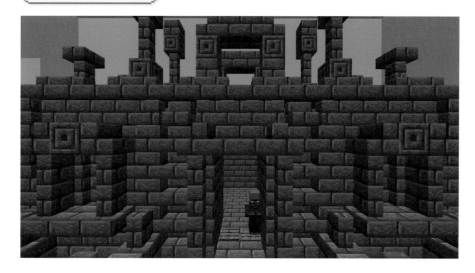

아래와 같이 문, 다락문, 울타리 문 등 플레이어가 오고 갈 수 있는 블록은 여럿 있지만 우리가 보았던 석문의 모습과는 맞지 않아 보입니다.

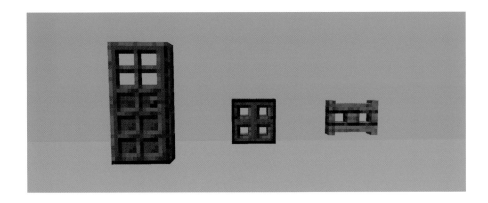

그렇다면 앞에서 배운 피스톤을 활용해 보면 어떨까요? 피스톤을 이용해서 길을 막고 있는 블록을 움직이면 문으로 사용할 수 있겠죠?

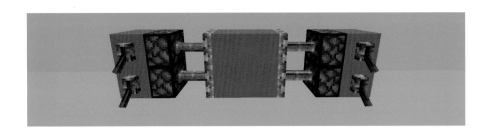

문 앞의 압력판을 밟았을 때 피스톤이 수축하여 지나갈 공간이 열리도록 회로를 만들어 보겠습니다. 잘 따라와 주세요!

> ▶ **제작 순서**

01 내부 공간의 가로×높이가 16×6이 되도록 벽을 지어 줍니다.

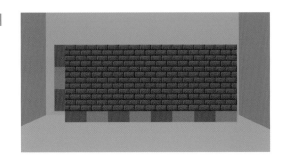

02 열리는 문이 될 부분에 돌과 끈끈이 피스톤, 압력판을 설치합니다.

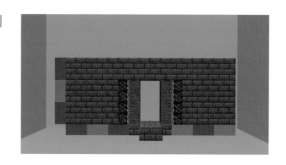

03 압력판과 끈끈이 피스톤 사이를 레드스톤 가루와 NOT 게이트로 이어 줍니다.

※ 압력판을 밟아 석문이 열리는지 확인해 보세요!

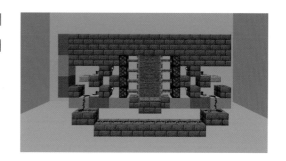

04 회로를 벽으로 가려 줍니다.

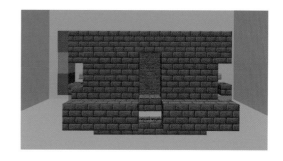

05 그런 다음 원하는 대로 장식하면 완성입니다!

Tip

계단 또는 반 블록으로 레드스톤 가루 연결 잇기

회로를 가릴 때 계단 블록이나 반 블록을 이용하면 인접한 레드스톤 가루의 연결을 끊지 않고 가릴 수 있습니다.
왼쪽 그림에 보이는 계단 블록 위치에 일반 블록을 사용했다면 동그라미 친 부분에서 레드스톤 가루가 연결되지 못했을 것입니다.

Tip

안팎에서 열 수 있는 석문 만들기

밖에서 들어갈 때뿐만 아니라 안쪽에서 나올 때도 석문을 열 수 있게 하고 싶다면, 안쪽에도 압력판을 설치하고 레드스톤 가루로 전체 회로와 이어 주세요!

▶ 작동 원리

압력판과 끈끈이 피스톤을 레드스톤 가루로 그대로 이어 주면 평소에는 문이 열려 있다가 압력판을 밟았을 때 끈끈이 피스톤이 블록을 밀어 문이 닫힙니다. 하지만 이러면 우리가 원하는 동작과 반대가 되죠?

우리가 원하는 동작은 평소에는 닫혀 있다가 압력판을 밟았을 때 입구가 열리는 것입니다. 그렇기 때문에 지금 이 상태에서 '신호의 상태를 반대로' 만들기 위해 압력판과 피스톤 사이에 NOT 게이트를 넣어 주었습니다.

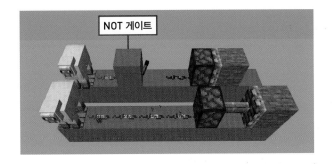

혹시라도 레드스톤 횃불을 이용한 NOT 게이트의 원리가 기억나지 않는다면 29페이지를 참고하세요!

압력판을 밟으면 다음과 같은 원리로 레드스톤 장치가 작동합니다.

1. 압력판이 켜져 아래의 도체가 신호를 띠고, 그 아래의 가루에 신호가 전해집니다.

2. 각 NOT 게이트에 신호가 전달되어 레드스톤 횃불들이 꺼집니다.

3. 끈끈이 피스톤들이 받고 있던 신호가 사라지므로, 블록을 당기면서 문을 엽니다.

자동문 닫힘

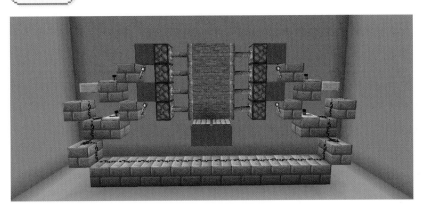

자동문 열림

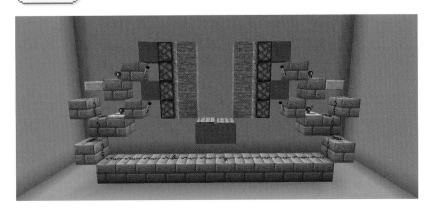

사원 깊은 곳에 상자가 놓여 있다면 누구든 가까이 다가갈 것입니다. 그렇지만 사원은 위험한 공간이고 주위를 잘 확인하지 않으면 함정에 빠지는 것이 당연하죠. 방심한 순간 바닥이 열려 용암에 빠진다면 어떨까요?

레드스톤 장치를 이용한 함정은 '플레이어를 감지해 함정을 작동시키는 발신기'가 잘 숨어 있을수록 알아채기 어렵습니다. 그런 점에서 철사덫 갈고리는 함정 제작에 정말 잘 어울리는 블록입니다.

물론 '함정에 걸린 침입자를 처단하는 역할을 하는 작동기'도 잘 숨어 있을수록 좋겠죠. 예를 들어, 침입자를 용암으로 떨어뜨리는 함정을 만들 때 레드스톤 신호를 통해 다락문을 여는 방식으로 침입자를 용암에 빠뜨릴 수 있습니다. 그런데 이때 만약 다락문과 그 아래 용암이 눈에 너무 잘 띈다면 침입자가 함정을 쉽게 피해 버릴 수도 있겠죠? 이런 불상사를 막기 위해서는 끈끈이 피스톤을 이용해 바닥의 블록을 움직이는 게 좋을 것 같아요!

원래 상태

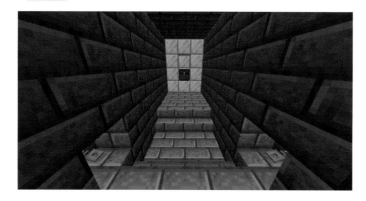

실을 밟은 상태(땅이 열림)

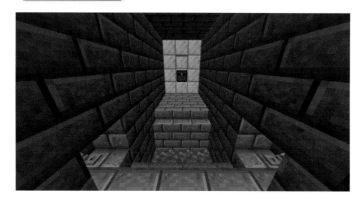

▶ **제작 순서**

01 좁고 긴 통로를 만들고, 침입자를 유인할 상자를 통로 끝에 놓습니다.

02 바닥이 열릴 부분을 정해 땅을 파서 용암을 놓습니다.
그리고 끈끈이 피스톤 6개를 그림과 같이 설치하고, 그 팔에 붙어 움직일 블록 6개를 설치합니다.

※ 피스톤의 방향에 주의하세요!

2블록

단면도

03 블록과 계단 블록을 이용해서 방금 설치한 장치를 덮어 줍니다.

04 각 끈끈이 피스톤 뒤에 레드스톤 중계기를 방향 맞춰 설치합니다. 그리고 그 뒤에 레드스톤 가루와 레드스톤 횃불을 설치합니다.

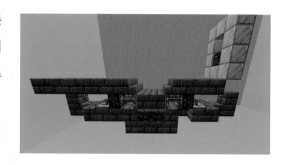

※ 레드스톤 횃불은 부착된 블록에 들어온 신호를 뒤집어 내보내는 NOT 게이트 역할을 합니다.

※ 제대로 설치하면 끈끈이 피스톤들이 신호를 받아 바닥이 막혀야 합니다.

05 철사덫 갈고리 두 개를 설치하고 두 갈고리 사이를 실로 이어 줍니다.

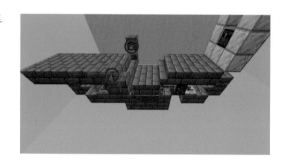

※ 철사덫 갈고리는 벽 속에 숨어 있어야 하니 위치에 주의하세요.

옆에서 본 모습

06 철사덫 갈고리가 부착된 블록과 레드스톤 횃불이 부착된 블록들 사이에 신호가 통하도록 레드스톤 가루로 이어 줍니다.

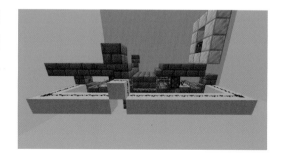

07 장치가 보이지 않도록 가립니다.

※ 실을 밟으면 바닥이 열리는지 확인하세요.

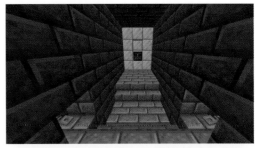

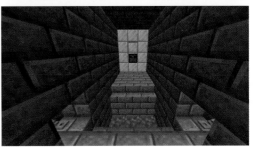

▶ 작동 원리

실을 밟으면 다음과 같은 원리로 레드스톤 장치가 작동합니다.

1. 철사덫 갈고리가 작동하여 도체(주황색)가 신호를 띱니다.
2. 레드스톤 횃불이 꺼지고, 따라서 레드스톤 가루에 흐르던 신호가 꺼집니다.
3. 신호가 끊기므로 끈끈이 피스톤이 블록을 당겨 아래 공간이 열립니다.

함정 닫힘

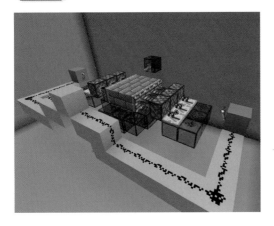

함정 열림

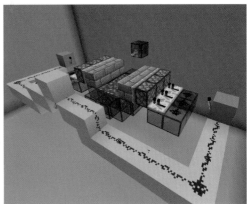

▶ 더 만들어 보기 - 화살 함정

자신의 멀리뛰기 실력을 믿고 바닥이 열리는 함정을 점프해 지나가는 침입자도 있을 수 있습니다. 그러나 공중에서 화살로 맞춰 버린다면 건너가기 어렵겠죠? 함정에 발사기를 추가하여 실에 걸리면 화살이 발사되도록 해 보세요!

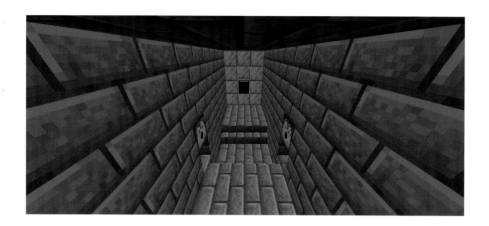

발사기를 우클릭하면 발사기 속에 아이템을 넣을 수 있습니다. 화살을 충분히 넣어 놓고, 철사덫 갈고리로부터 신호를 받도록 회로를 연결해 보세요.

Check! 자주 하는 실수

• 공급기는 화살을 발사하지 못합니다. 발사기를 사용한 것이 맞는지 확인해 주세요.
• 발사기의 얼굴 방향이 정확한지 확인해 주세요.

Tip

발사기

발사기의 다양한 기능

발사기에는 화살 발사 외에도 여러 기능이 있습니다.
예를 들면 화살, 화염구, 투척 · 잔류형 물약 등 투사체를 발사하기, 갑옷을 앞쪽에 있는 플레이어에게 입혀 주기, 생성 알로 개체를 생성하기 등이 있죠!

3

거북선 만들기

외적의 침입으로부터 한반도를 지키기 위해 활약한 위대한 군함, 거북선을 알고 있나요? 임진왜란 시기에 이순신 장군님은 거북선을 도입하여 여러 전투에서 승리를 이뤄 냈습니다. 현재 그 실물은 전해지지 않지만 역사에 기록된 내용을 바탕으로 거북선의 독특한 외형과 구조를 추측하고 있죠. 우리도 마인크래프트 블록들을 이용해 거북선을 건축하고, 앞면과 옆면에 실제로 작동하는 대포를 설치해 봐요!

배워 보기 – 블록, 개체

마인크래프트 세계에 존재하는 물체는 대부분 **블록**과 **개체**로 구분할 수 있습니다. 블록과 개체는 시스템적으로 완전히 다른 방식으로 동작하기 때문에 둘의 특성을 아는 것은 게임을 이해하는 데 매우 중요합니다.

블록은 3차원 격자 칸에 맞춰서만 배치할 수 있습니다. 꽉 찬 블록뿐만 아니라 반 블록이나 울타리처럼 공간의 일부만 차지하는 블록도 있고, 잔디처럼 통과해서 지나다닐 수 있는 블록도 있습니다. 또한 물과 용암처럼 흐르는 블록도 있으며, 상자나 화로처럼 특수한 기능을 수행하는 블록도 있습니다.

CHAPTER 3 - 거북선 만들기 **47**

블록은 기본적으로 서로 겹칠 수 없습니다. 예외적으로 반 블록처럼 물과 겹쳐지는 블록들이 있지만 이 경우에도 실제로는 "물과 겹쳐진 반 블록"이라는 블록 상태가 별도로 존재하는 것으로 취급합니다.

개체는 블록보다 제한이 적은 존재들입니다. 꼭 격자 칸 하나를 차지할 필요가 없으며, 블록처럼 파괴되는 건 아니지만 그 대신 공격의 대상이 됩니다. 개체의 예로는 플레이어, 몹, 화살, 보트, 아이템 액자, 그림, 엔더 수정, 벼락 등이 있습니다.

가장 대표적인 형태의 개체로는 몹을 꼽을 수 있습니다. 몹은 실생활의 '동물'에 대응하는 단어로, 움직인다는 뜻을 가진 '모바일(Mobile)'의 줄임말입니다. 몹으로는 돼지 같은 동물들, 좀비 같은 몬스터들, 철 골렘 같은 소환수들, 주민, 엔더 드래곤, 위더 등이 있습니다. 이 외에도 마인크래프트에서 만나게 되는 여러 존재들이 몹에 해당합니다. 몹들은 인공 지능을 가지고 각자의 목표에 따라 행동합니다.

한편, 개체 중에는 몹이 아닌 것들도 있습니다. 화살, 보트처럼 생물로 보기는 어려운 것들이 그것이죠. 그중 대부분은 왜 블록이 아니고 개체인지 단번에 알 수 있지만, 어떤 것들은 블록처럼 칸에 맞춰서 놓아야 하는데도 개체라서 헷갈릴 수 있습니다. 예를 들어 아이템 액자나 그림은 블록이 아니라 개체입니다. 이 점은 실험으로 확인해 볼 수도 있는데, 그림을 두고 같은 자리에 유리를 설치하면 한동안 그림과 유리가 같은 칸에 공존하는 것을 볼 수 있습니다. 그림이 블록이라면 일어날 수 없는 일이죠.

또, 블록이 개체로 변하는 경우도 있습니다. 자갈이나 모래 등 중력의 영향을 받는 블록이 떨어질 때 그 블록은 '떨어지는 블록'이라는 개체로 바뀝니다. 그리고 끝까지 떨어지고 나면 다시 블록이 됩니다. 떨어지는 도중에는 위치가 격자 칸에 맞지 않으니 그 제한을 풀기 위해 개체가 되는 것입니다. 이와 유사하게 TNT도 점화되었을 때 개체로 바뀝니다.

개체인 듯 개체 아닌 '블록 개체'의 특징

마인크래프트에는 '블록 개체'라는 용어도 있습니다. 이것은 상자나 화로 같은 블록들이 가지는 특수한 데이터와 그 동작 방식을 이르는 말인데, 개체에는 포함되지 않으니 주의해 주세요. 상자, 화로, 독서대처럼 블록 개체가 있는 블록은 피스톤에 밀리지 않는다는 특징이 있습니다. 블록 개체에 대한 설명은 이후 123페이지에서 더 자세히 다룹니다.

크리퍼나 TNT 등은 **폭발**을 일으킬 수 있습니다. 폭발은 주변 블록과 개체에 각각 다른 방식으로 작용합니다. **주변 블록**은 잠시 후 설명할 규칙에 따라 파괴되고 폭발의 종류에 따라 불이 붙을 수 있습니다. **주변에 있는 개체**는 피해를 입으면서 밀쳐집니다.

폭발을 일으키는 몹 크리퍼

폭발

피해를 입거나 밀쳐지는 것은 '개체'에만 일어날 수 있는 일이라는 걸 기억해 두세요! 수많은 폭발에 의한 피해가 중첩되어 원래 파괴될 수 없는 블록이 파괴되거나 폭발에 의해 블록이 직접적으로 이동하는 일은 없습니다.

폭발의 세기, 즉 **폭발력**은 폭발의 원인에 따라 달라집니다.

폭발 원인과 폭발력

폭발 원인	폭발력
위더 생성	7
충전된 크리퍼, 엔드 수정	6
오버월드가 아닌 차원에서 침대 사용 네더가 아닌 차원에서 리스폰 정박기 사용	5
TNT	4
크리퍼	3
가스트 화염구, 위더 해골	1

(+) 알아두기 블레이즈나 발사기가 발사하는 화염구는 폭발을 일으키지 않는다는 점을 주의하세요! 폭죽 로켓
또한 일반적인 폭발이 아닙니다.

폭발이 일어나면 그 중심으로부터 모든 방향으로 폭발의 영향을 나타내는 폭발선들이 뻗어 나갑니다. 폭발력이 강할수록 더 센 폭발선이 생성될 수 있습니다. 이 폭발선들은 막히기 전까지 지나가는 모든 블록을 파괴합니다.

블록 종류마다 **폭발 저항** 값이 정해져 있습니다. 폭발선이 어떤 블록을 지나가는 동안 지나간 거리와 그 블록의 폭발 저항에 따라 세기가 줄어듭니다. 세기가 0으로 줄면 폭발선은 막혀서 더 이상 나아가지 못합니다.

기반암, 흑요석 등 폭발 저항이 매우 높은 블록은 마인크래프트에 존재하는 어떤 폭발로도 파괴할 수 없습니다. 단, 위험한(파란색) 위더 해골은 플레이어가 캘 수 있는 모든 블록의 폭발 저항을 0.8 이하로 취급하므로, 흑요석도 부술 수 있습니다.

다음 표는 마인크래프트의 여러 블록들의 폭발 저항 값을 나타낸 것입니다. 이 표를 보면 기반암과 흑요석의 폭발 저항 값이 얼마나 높은지 단번에 알 수 있을 거예요.

블록	폭발 저항
기반암	3,600,000
흑요석	1,200
엔드 돌	9
돌	6
테라코타	4.2
나무 판자	3
양털	0.8
잔디	0

파괴된 블록은 '1/폭발력'의 확률로 아이템을 떨어뜨리고, 그 외의 경우에는 그대로 사라집니다. 단, TNT로 파괴된 블록은 무조건 아이템을 떨어뜨립니다.

또한 침대, 리스폰 정박기, 가스트 화염구에 의한 폭발은 불을 낼 수 있습니다. 불이 붙기 위해서는 다음 조건을 모두 만족해야 합니다.

1. 공기 블록이면서
2. 바로 아래가 꽉 찬
3. 불투명 블록

이 조건을 만족하는 공기 블록이 폭발 파괴 대상이 된 경우에는 1/3의 확률로 불이 붙습니다.

그런데 만약 블록이 아니라 개체가 폭발에 휘말리면 어떻게 될까요? 블록은 가만히 있으면서 부서지거나 안 부서질 뿐이지만 개체의 경우는 다릅니다. 폭발로부터 '폭발력×2'블록보다 가까이 있는 개체는 피해를 입으면서 밀쳐지죠. 폭발력이 셀수록, 폭발에 가까이 있을수록 피해와 밀쳐짐의 강도가 세집니다.

먼저 거북선의 외형을 지어 볼 것입니다. 거북선의 특징적인 모습을 묘사하면서 앞면에 큰 대포, 옆면에 작은 대포를 놓을 수 있도록 자리를 만들어 보겠습니다.

거북선

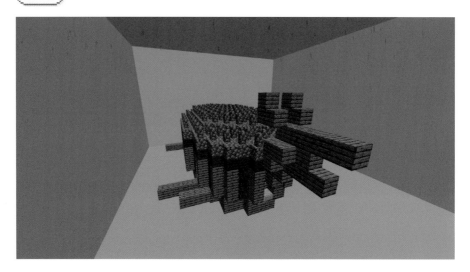

▶ 제작 순서

01 두 칸 높이로 참나무 판자 벽을 쌓아 배의 아랫부분을 짓기 시작합니다.

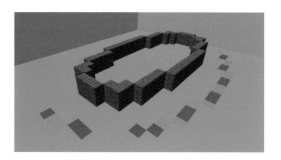

※ 알록달록한 콘크리트로 색깔자가 표시되어 있습니다. 분홍색과 노란색 콘크리트를 각각 두 칸씩 번갈아가면서 놓고, 건축물의 모양에 따라 끊어 준 것이죠. 책의 건축을 정확하게 똑같이 따라하고 싶다면 참고하세요.

➕ 알아두기 이 책에서는 형태를 알아보기 쉽게 하기 위해 바닥을 생략하고 설명했습니다. 따라 할 때는 배의 바닥을 뻥 뚫어 놓지 말고 꼭 채워 주세요!

02 참나무 원목과 판자로 두 칸 높이의 벽을 더 쌓습니다.
대포 구멍이 될 곳을 앞쪽에 1개, 왼쪽에 3개, 오른쪽에 3개 만들어 주고, 매끄러운 돌 반 블록을 놓습니다.

대포 구멍

03 벽을 마저 쌓아 줍니다.

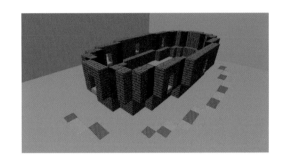

04 지붕을 만들어 위를 막습니다. 이때 가문비나무 판자를 이용해 참나무보다 어두운 색을 냅니다.

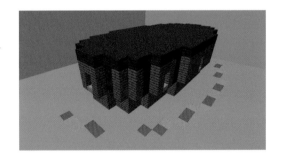

05 (선택 사항) 대포 구멍 아래로 노를 표현해 줘도 좋습니다.

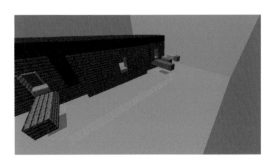

06 조약돌로 지붕을 볼록하게 덮은 뒤, 조약돌 담장을 서로 이어지지 않게 놓아 등판과 쇠못을 표현합니다.

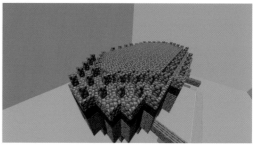

07 앞부분에 용머리를 달아 완성합니다.

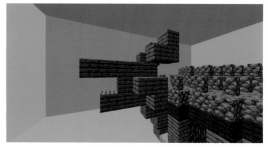

마인크래프트에서 대포처럼 사용할 수 있는 폭발물에는 무엇이 있을까요? 가스트나 위더의 공격은 폭발물이지만 몬스터를 대포로 사용하는 건 너무 위험하고 거북선에 어울리지도 않아 보입니다. 그리고 발사기에서 화염구를 발사하는 방법은 간단하지만 멋이 없네요. 거북선의 위용에 걸맞는 커다란 폭발을 일으키는 데에는 TNT가 안성맞춤일 것 같습니다!

이번에는 TNT를 멀리 날려서 폭발시키는 TNT 대포를 만들어 거북선의 전면부 대형 대포로 사용해 보겠습니다.

TNT가 발사되는 모습

신중하고 침착하게
전투에 임해야 해!

▸ 제작 순서

01 거북선 앞면의 대포 구멍(매끄러운 돌 반 블록) 안쪽에 대포의 뼈대를 만들어 주고, 발사기 총 6개를 그림에서 보이는 위치에 놓습니다.

그리고 물이 뒤쪽에서 반 블록이 있는 앞쪽으로 흐르도록 놓아 줍니다.

뒤에서 본 모습

앞에서 본 모습

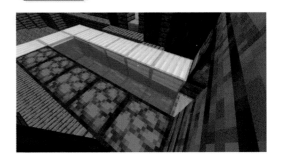

02 대포 뒤에 버튼을 놓고, 그 신호가 발사기들에 전달될 수 있도록 레드스톤 가루로 잇습니다.

반 블록 옆에 혼자 있는 발사기에는 신호가 0.8초 늦게 도착하게 할 것입니다. 최대한 지연을 준 중계기(0.4초) 두 개를 설치하세요.

뒤에서 본 모습

앞에서 본 모습

03 각 발사기를 오른쪽 클릭해서 TNT를 충분히 넣어 주고, 버튼을 눌러 발사해 보세요!

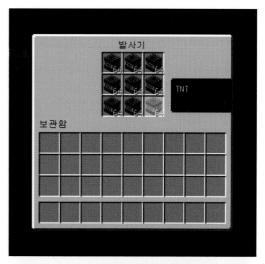

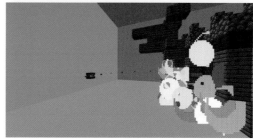

▶ 작동 원리

버튼을 누르면 오른쪽의 발사기 5개가 물 속으로 TNT를 하나씩 놓고, 0.8초 뒤에 앞쪽의 발사기가 반 블록 위에 TNT를 놓습니다.

'발사기에서 나온 TNT'는 점화된 상태라서 블록이 아닌 '개체'로 취급되고, 4초 뒤에 폭발합니다. 블록이 아니라 개체로 취급된다는 것은 곧 TNT가 물에 밀려나기도 하고 폭발에 밀려나기도 한다는 것을 의미합니다.

이러한 작동 원리를 자세히 설명하자면 다음과 같습니다.

① 먼저 점화된 5개의 TNT가 블록이 아닌 개체로 취급되면서 물에 밀려나는 특성으로 한곳에 모이게 됩니다.

② 뒤늦게 점화된 1개의 TNT 역시 개체로 취급되고 이로 인해 먼저 점화된 5개의 TNT의 폭발력에 의해 멀리 날아가게 됩니다.

다음 그림에서 물 속에 놓인 TNT들을 잘 살펴보세요.

반 블록 위에 TNT가 놓이고, 물의 흐름에 따라 TNT들이 모이는 모습

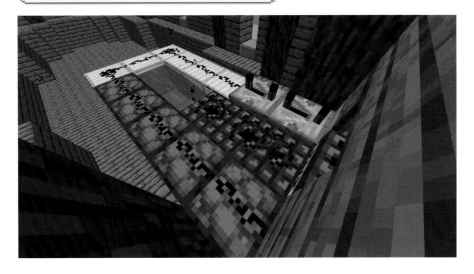

　물 속의 TNT들은 물의 흐름에 따라 반 블록 바로 앞까지 밀려나서 모입니다. 이 TNT들
이 먼저 놓였으므로 먼저 폭발하는데, 물 속에서 폭발한 TNT는 주변에 피해를 주지는 않
지만 개체를 밀어내는 힘은 그대로입니다. 반 블록 위에 있는 TNT가 여기에 휘말려서 멀
리 날아갑니다.

　그리고 0.8초 뒤, 날아간 TNT도 펑 하고 폭발합니다.

만들어 보기 - 측면부 소형 대포

전면부에 설치한 대포는 TNT 하나를 발사하기 위해 추진력으로 TNT 5개를 사용했고 대포의 크기도 컸습니다. 가장 고전적인 TNT 대포의 형태는 이렇게 짓는 것이지만, 더 작게 지을 수 없는 것은 아닙니다.

배의 옆면에 있는 대포 구멍에는 작은 대포를 설치해 보겠습니다!

외부

내부

▶ 제작 순서

01 대포 구멍 뒤에 발사기 3개를 옹기
종기 놓습니다.

밖에서 본 모습

안에서 본 모습

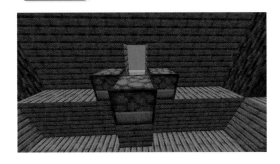

02 가운데에 있는 발사기 뒤에 돌 버튼
을 달아 주고 그 신호가 옆에 있는
발사기들에도 닿을 수 있도록 레드
스톤 가루로 이어 줍니다.
그리고 버튼이 달린 발사기 위에 레
드스톤 횃불을 놓습니다.

밖에서 본 모습

안에서 본 모습

03 레드스톤 발사기를 하나 더 놓습니다. 반 블록 위에 TNT를 놓을 수 있게 해 주세요.

밖에서 본 모습

안에서 본 모습

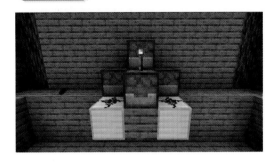

04 발사기 세 개가 모여 있는 가운데에 물을 놓습니다.

※ 발사기의 방향이 오른쪽 그림과 같은지 꼭 확인해 주세요.

밖에서 본 모습

05 발사기 각각에 TNT를 충분히 넣고, 버튼을 눌러 발사해 보세요!

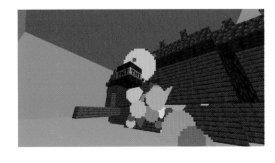

대형 대포에서는 흐르는 물을 이용해 TNT 5개를 한곳으로 모았다면, 소형 대포에서는 애초부터 한곳에 TNT 3개를 놓아서 추진력으로 사용합니다.

TNT 대포는 '추진력으로 쓰는 TNT'들과 '발사되는 TNT' 사이에 폭발 시점의 차이가 있어야 합니다. 대형 대포에서는 중계기를 이용해 0.8초의 차이를 줬었죠? 소형 대포에서도 버튼을 누르면 아래쪽의 발사기 3개는 즉시 TNT를 놓습니다. 그리고 1초 뒤, 마지막 발사기가 TNT를 놓는 것을 볼 수 있습니다. 그런데 여기서는 중계기를 쓰지 않았는데 어떻게 시간 지연을 준 걸까요?

돌 버튼은 눌리고 나서 1초 동안은 신호가 켜진 상태를 유지하다가 그 뒤에는 신호가 꺼집니다. 그러면 그 신호를 받는 레드스톤 횃불은 어떻게 될까요? 레드스톤 횃불은 신호를 반대로 바꾸는(NOT 게이트) 블록이니까 버튼이 눌리면 1초 동안 꺼진 상태였다가 다시 켜지겠죠? 즉, 마지막 발사기는 1초 뒤에 신호가 꺼진 상태에서 켜진 상태로 바뀌게 되고, 이 원리로 1초의 시간차를 만든 것입니다.

'신호가 켜지는 순간 작동'하는 블록으로 작은 장치 설계하기

Tip

발사기 같은 블록은 레드스톤 신호가 꺼진 상태에서 켜진 상태로 바뀔 때에만 작동합니다. 신호를 받고 있다고 해서 계속 작동하지는 않죠. 따라서 평소에 신호가 켜진 상태로 놔두다가 필요할 때 신호가 꺼졌다 켜지게 해서 작동시키는 방법을 사용할 수 있습니다. 공간이 충분할 때에는 이런 설계를 할 필요가 없지만, 이번에 만든 소형 대포처럼 장치의 크기를 최대한 줄이고 싶은 경우에는 유용한 방법입니다.

➕ **알아두기** 폭발물을 사용하는 회로에서는 실수 한 번이 치명적입니다! 실수로 작동시킨 TNT 하나에 공들여 만든 회로가 부서져 버리면 마음이 아프겠죠. 특히, 아직 완성되지 않은 회로는 의도치 않은 동작을 할 가능성이 있으니 **폭발물은 다른 회로를 다 완성한 다음에** 놓는 것을 권장합니다. 가능하다면 폭발물 없이 다른 부분이 모두 잘 작동하는지 시험해 보는 것도 좋아요.
자나 깨나 폭발물 조심!

철 블록 전망대

주위의 모습을 높은 곳에서 바라보기 위해 가는 곳! 전망대는 사람들이 자주 찾는 관광 명소이자 랜드마크입니다. 도시의 멋진 스카이라인을 구경하기도 하고 바다 멀리 섬이나 외국까지 바라보기도 하죠. 건축 기술의 발달로 훨씬 높은 건물을 지을 수 있게 되었고, 전망대도 땅과 멀어져 하늘에 닿고 있어요. 너무 높아서 사람이 걸어 올라갈 수 없으니 사람을 전망대 위로 올려 주는 엘리베이터도 필요하겠죠? 우리도 고층 전망대를 만들고, 비행 엔진을 이용하여 스스로 오르내리는 엘리베이터를 설치해 봐요!

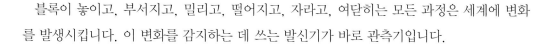 배워 보기 – 관측기

블록이 놓이고, 부서지고, 밀리고, 떨어지고, 자라고, 여닫히는 모든 과정은 세계에 변화를 발생시킵니다. 이 변화를 감지하는 데 쓰는 발신기가 바로 관측기입니다.

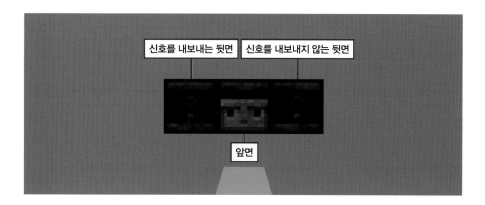

관측기의 앞면에는 얼굴이 있고 뒷면에는 빨간색으로 불이 들어오는 부분이 있습니다. 관측기는 앞면 바로 앞에 있는 블록 위치에서 변화를 감지하면 뒷면에 빨간 불이 들어오면서 0.1초 동안 신호를 내보냅니다. 이때 뒤에 도체가 있으면 신호를 띄게 합니다.

또, 관측기 자체가 피스톤 때문에 움직인 경우에도 변화를 감지한 것으로 취급하여 작동합니다.

이 점을 이용해 스스로 움직이는 기계에서 편리하게 신호를 전할 수 있습니다. 레드스톤 가루 등을 이용한 일반적인 회로는 움직이는 도중에 잘 망가지기 때문에 이보다 더욱 안정적인 관측기를 쓰는 것입니다.

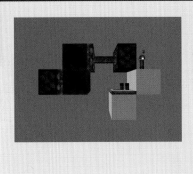

블록의 변화를 감지한 특수 회로 BUD

관측기가 없었던 시절에는 BUD(Block Update Detector, 블록 갱신 감지기)라는 특수한 회로를 제작하여 블록의 변화를 감지했습니다. BUD는 관측기보다 감지할 수 있는 변화의 종류도 약간 더 적고 만들기도 불편하지만, 관측기가 없었던 그 당시에는 매우 유용했어요!

※ 왼쪽 아래의 끈끈이 피스톤 주변 블록에 변화가 생기면 신호가 한 번 발생해요.

이익… 어때, 관측기랑 조금 닮은 것 같아?
관측기의 앞면은 이렇게 생겼다고!

챕터 2에서 배운 것처럼 피스톤은 신호가 켜지면 앞으로 팔을 뻗고 신호가 꺼지면 팔을 다시 집어넣습니다. 이 과정에서 앞에 블록이 있으면 밀어 버릴 수 있고, 끈끈이 피스톤은 그 블록을 당겨올 수도 있습니다.

▶ 끈끈이 피스톤의 "블록 놓기"

이번에는 끈끈이 피스톤이 가지고 있는 추가적인 성질들을 배워 볼 것입니다.

먼저, 끈끈이 피스톤이 0.15초보다 짧은 신호를 받으면 어떻게 되는지 알아보려고 합니다. 바로 앞에서 살펴본 관측기의 신호는 0.1초 동안 지속되고, 따라서 관측기는 이 실험에 적합합니다. 그럼 관측기를 사용해 실험해 보겠습니다.

끈끈이 피스톤 앞에 밀리는 블록을 놓고 관측기를 통해 신호를 주면 어떻게 될까요?

피스톤이 분홍색 블록을 잡고 있는 모습

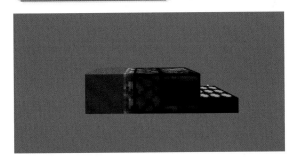

피스톤이 분홍색 블록을 놓은 모습

블록이 밀리는 와중에 끈끈이 피스톤이 수축하여 붙어 있던 블록이 떨어지는 것을 볼 수 있습니다. 이 현상을 두고 끈끈이 피스톤이 블록을 "놓는다"라고 합니다.

끈끈이 피스톤이 블록을 놓은 상태에서 한 번 더 짧은 신호를 받으면 다시 블록을 당깁니다. 이것은 블록 놓기 현상에 의한 것뿐만 아니라 끈끈이 피스톤 앞에 빈칸이 하나 있고 그 앞에 블록이 있는 경우 항상 적용됩니다.

원래 버그였다가 기능이 되어 버린 '블록 놓기' 현상

끈끈이 피스톤의 팔은 원래 앞에 있는 블록에 잘 붙어 있어야 합니다. 그런데 이렇게 블록을 놓아 버리는 버그가 발견되어 플레이어들이 이용 방법을 연구했답니다. 이 버그를 고쳐야 하는지에 대해 많은 토론이 있었어요. 하지만 블록 놓기 현상 없이는 회로 설계가 훨씬 까다로워진다는 의견이 우세했고, 끈끈이 피스톤의 블록 놓기 현상은 그 유용성을 인정받아 정식 기능으로 취급받게 되었습니다.

▶ 피스톤과 슬라임 블록의 관계

다음으로 피스톤과 슬라임 블록의 관계에 대해 알아보겠습니다.

피스톤은 기본적으로 앞에 있는 한 줄의 블록들을 밀 수 있습니다. 그런데 슬라임 블록이 밀리거나 당겨지면 그 주위에 있는 블록들까지 붙어서 움직이게 됩니다. 이런 방법으로 원하는 블록들을 함께 이동시킬 수 있습니다.

슬라임 블록으로 여러 블록을 붙임

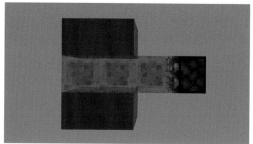

붙은 블록들을 한꺼번에 당겨오기

피스톤이 블록을 12개까지만 밀 수 있다는 제한은 여전합니다.

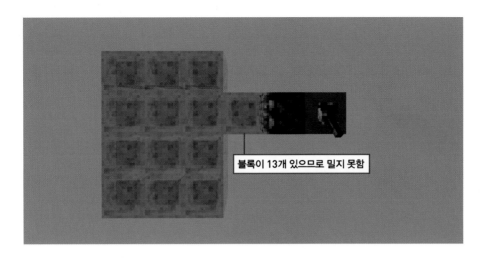

블록이 13개 있으므로 밀지 못함

또한 슬라임 블록을 이용해도 흑요석 등을 이동시키지 못하는 것은 여전합니다. 슬라임 블록이 움직일 때 다른 블록이 함께 움직이는 것이지, 반대로 다른 블록이 움직일 때 슬라임 블록이 붙어서 움직이는 것은 아니라는 점에 주의하세요! 피스톤이 슬라임 블록을 움직일 때 피스톤 자신까지 붙어서 움직이게 할 수는 없습니다.

꿀 블록은 슬라임 블록과 같은 역할을 하지만 슬라임 블록과 꿀 블록은 서로에게 붙지 않습니다. 또, 꿀 블록이 움직일 때에는 위에 서 있는 개체가 붙어 같이 움직입니다.

유광 테라코타는 슬라임 블록이나 꿀 블록에 붙어 움직이지 않습니다.

'블록 놓기' 현상이 원래는 버그였다고? 버그가 정식 기능이 될 수도 있구나!

먼저 철 블록을 주재료로 하여 전망대를 건축하겠습니다. 이후 전망대 안쪽에 수직으로 설치될 엘리베이터의 운행을 고려하며 만들어 보겠습니다.

전망대

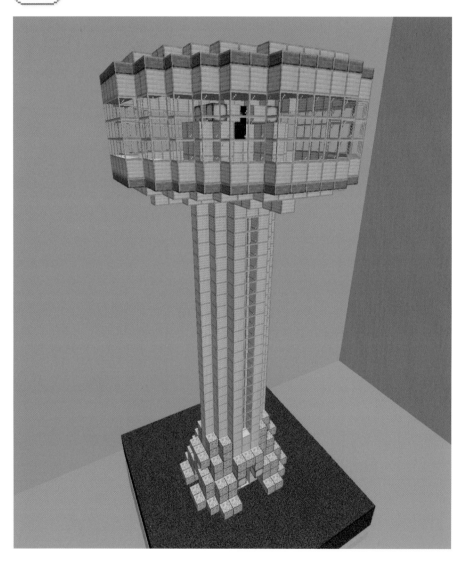

▶ 제작 순서

01 지면을 기준으로 다섯 블록을 파 내려간 뒤 흑요석을 놓고 그 위에 소리 블록을 놓습니다. 이어서 철 블록 두 개를 놓고 그 위에 레드스톤 가루 두 개를 놓습니다.

※ 흑요석과 소리 블록이 있는 자리 기준 수직 위로 전망대 엘리베이터가 오르내릴 것입니다.

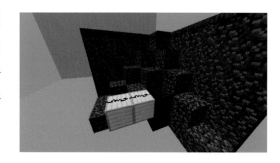

02 철 블록으로 엘리베이터가 움직이는 공간의 바닥을 만듭니다.

03 엘리베이터가 오르내릴 공간의 벽을 만들어 줍니다.
레드스톤 가루로 이은 부분의 바로 위에 철 블록을 놓고 그 위에 버튼을 놓습니다.

내려다본 모습

수평으로 본 모습

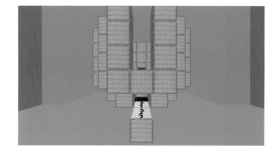

04 전망대를 원하는 만큼 높여 줍니다. 그림에서는 추가로 27블록을 높였습니다.

05 전망대 위층의 바닥을 원형으로 짓습니다.

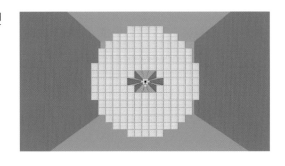

06 철 블록, 유리, 매끄러운 돌 반 블록으로 전망대 위층의 벽을 짓습니다.

내려다본 모습

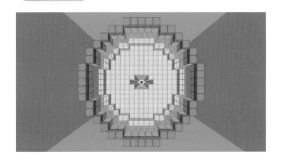

측면에서 본 모습

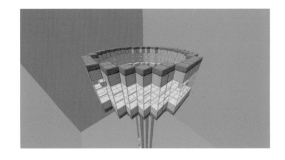

07 위층에도 엘리베이터가 올라오는 부분을 지어 줍니다.
그리고 흑요석과 소리 블록, 버튼을 놓습니다. (아래층의 흑요석, 소리 블록과 수직인 위치에 있어야 합니다.)

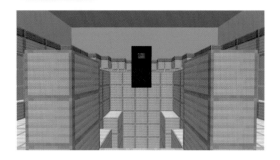
수평으로 본 모습

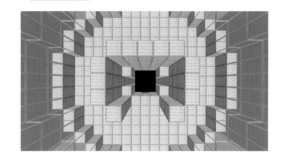
내려다본 모습

08 엘리베이터가 올라오는 부분의 지붕을 만들고 바다 랜턴으로 장식합니다.

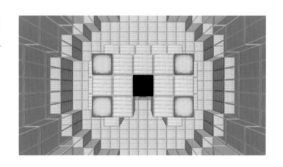

09 전망대 위층의 지붕을 덮습니다.

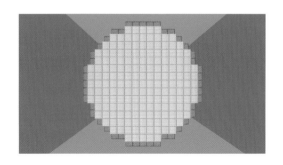

10 전망대 아래쪽이 더 안정적으로 보이도록 윤나는 섬록암으로 두껍게 만들어 줍니다.

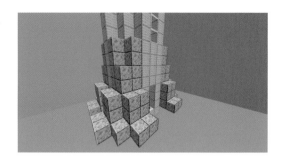

11 전망대 아래쪽을 원하는 대로 더 장식합니다.

앞면의 모습

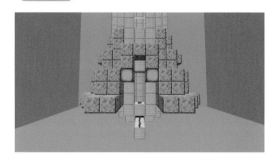

뒷면의 모습

땅이 있는 상태의 모습

이제 기둥을 오르내릴 엘리베이터 본체를 만들 차례입니다. 엘리베이터의 양 승강장에 필요한 흑요석, 소리 블록, 버튼은 이미 준비되어 있으니 본체만 적절히 올려놓으면 됩니다.

엘리베이터를 타고 올라가는 모습

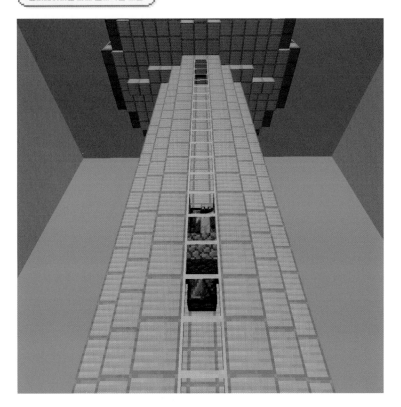

▶ **제작 순서**

 전망대 아래쪽에서 작업합니다.

※ 설명 그림에서는 알아보기 편하도록 윗부분을 모두 잘라내고 보여 주고 있어요!

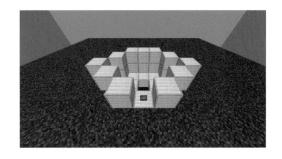

02 소리 블록 위에 엘리베이터의 엔진을 그림과 같이 짓습니다.
관측기 2개, 끈끈이 피스톤 3개, 슬라임 블록 5개로 이루어져 있습니다.
위쪽의 관측기는 화살표가 아래로 가게 하고 아래쪽의 관측기는 화살표가 위로 가게 합니다.

정면에서 본 모습

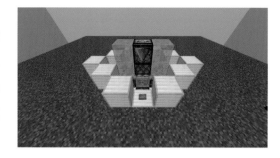

내려다본 모습

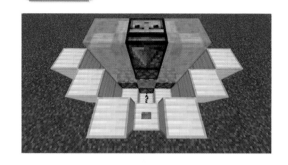

03 각 슬라임 블록 앞에 블록을 붙여서 플레이어가 탈 수 있는 공간을 만듭니다. 이 그림에서는 프리즈머린을 사용했습니다.

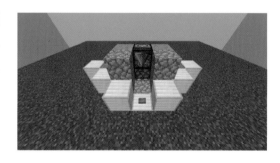

04 완성입니다! 이제 엘리베이터에 타고 버튼을 눌러 위층으로 올라가 보세요! 위층에 도착하면 다시 버튼을 눌러 아래층으로 내려갈 수 있습니다.

이번에 만든 엘리베이터는 관측기가 만드는 짧은 신호와 끈끈이 피스톤 사이의 상호 작용을 이용해 움직입니다. 엘리베이터가 어떤 원리로 위로 올라가게 되는지 알아보겠습니다.

엘리베이터의 기본 상태입니다. 이 상태에서 버튼 등으로 인해 소리 블록이 신호를 받으면 관측기가 이를 감지하여 아래쪽의 끈끈이 피스톤 두 개에 짧은 신호를 전달합니다.

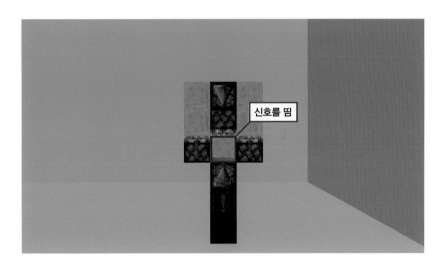

신호를 띰

> ➕ **알아두기** 슬라임 블록은 도체라 신호를 띠고 전할 수 있음에 유의하세요!

그러면 신호를 받은 끈끈이 피스톤들이 팔을 뻗고, 슬라임 블록에 붙은 엘리베이터의 위쪽 부분이 통째로 올라가게 됩니다.

하지만 짧은 신호이므로 끈끈이 피스톤들이 블록을 놓아 버립니다. 이때 엘리베이터의 위쪽 부분은 그대로 올라가 있죠.

관측기는 자기 자신이 피스톤으로 인해 움직인 것도 감지한다는 사실, 기억하고 있나요? 이 때문에 위쪽 부분에 있는 관측기가 끈끈이 피스톤에게 신호를 보냅니다.

그리고 그 신호를 받은 끈끈이 피스톤이 팔을 뻗습니다.

잠시 후 신호가 사라지면서 끈끈이 피스톤이 엘리베이터 아래쪽 부분을 당겨 올리고, 이렇게 엘리베이터는 한 블록 상승하게 됩니다.

그런데 이때 아래쪽에 있는 관측기가 자신의 움직임을 감지합니다. 다시 아래쪽 부분의 끈끈이 피스톤들이 신호를 받으면서 지금까지의 과정이 무한 반복되죠. 위에 흑요석으로 막힌 부분이 나오기 전까지 계속해서 올라가게 됩니다.

신호를 띰

여기까지가 엘리베이터가 위로 올라가는 원리에 대한 설명입니다. 엘리베이터가 아래로 내려갈 때도 위쪽 부분과 아래쪽 부분이 서로 하는 역할만 바뀔 뿐 똑같은 방식으로 작동합니다.

스스로 오르내리는 장치라니 신기하죠? 위아래뿐만 아니라 설치 방향에 따라 무한히 앞으로, 옆으로, 뒤로 이동하는 장치도 만들 수 있어요. 이와 더불어 움직이는 방향을 조종할 수 있는 장치를 설계하기도 한답니다. 그 원리는 역시 끈끈이 피스톤과 슬라임 블록, 그리고 관측기 같은 블록들의 상호 작용을 꼼꼼하게 설계하는 것이겠죠.

엘리베이터는 편의와 효율의 완벽한 결합이지.
이제 전망대 위로 빠르게 올라가 보자!

마인크래프트
미니게임 만들기

비밀 기지 만들기

집은 사람을 닮는다고들 합니다. 레드스톤 설계자인 우리들에게도 어울리는 집이 있을 거예요. 자동 장치로 가득한 공간, 주인에게는 한없이 친절하지만 불청객에게는 입구조차 보이지 않는 그런 기지 말이죠.

이번 챕터에서는 회로가 상태를 기억할 수 있게 하는 'T 플립플롭'과 마인크래프트에서 가장 신기한 성질 중 하나인 '가짜 연결성'에 대해 알아볼 것입니다. 그리고 이 내용들을 바탕으로 비밀 기지를 만드는 데 유용한 장치 몇 가지를 만들 거예요. 레드스톤을 다루는 마지막 장이니 집중해서 따라와 주세요!

 ## 배워 보기 – T 플립플롭

우리는 챕터 4에서 끈끈이 피스톤이 짧은 신호(0.1초 이하)를 받으면 블록을 밀고 놓아 버리는 '블록 놓기' 현상에 대해 배웠습니다. 이렇게 끈끈이 피스톤이 블록을 놓은 상태에서 한 번 더 짧은 신호를 받으면 블록을 다시 당겨온다는 것도 이미 배워서 알고 있죠. 끈끈이 피스톤의 이러한 성질을 이용해 신호를 받을 때마다 블록을 민 상태와 당긴 상태 사이를 오가는 장치를 만들 수 있는데, 이를 T 플립플롭 또는 토글 플립플롭이라고 합니다.

Tip

전자 공학과 레드스톤 회로

플립플롭은 전자 공학에서 쓰는 용어로, 두 가지 상태를 안정적으로 유지할 수 있는 회로를 말합니다. 우리가 사용하는 컴퓨터와 휴대 전화를 비롯해서 냉장고, 세탁기, 디지털 시계 등 대부분의 전자 제품에 플립플롭이 들어가 있답니다. 여러 가지 플립플롭 중에서 신호를 받을 때마다 상태를 바꾸는 것을 T 플립플롭이라고 부르죠.

레드스톤 회로 중에는 이렇게 실제 전자 회로에서 이름을 따온 것들이 많이 있습니다. 같은 역할을 하는 회로에 같은 이름을 붙여 놓으면, 전자 회로와 같은 방식으로 조합해서 레드스톤 회로를 만들 수 있으니까요. 예를 들어 책 초반부터 사용했던 NOT 게이트도 전자 회로에서 따온 이름입니다.

다음 그림에서 위는 민 상태이고, 아래는 당긴 상태입니다. T 플립플롭은 왼쪽으로 신호를 주면 오른쪽에 있는 레드스톤 블록을 밀었다가 당겼다가 합니다. 신호가 통하는 동시에, 신호가 통하는 데 필요한 도체를 아래에 있는 끈끈이 피스톤으로 밀어 버리는 방식으로 짧은 신호를 만듭니다.

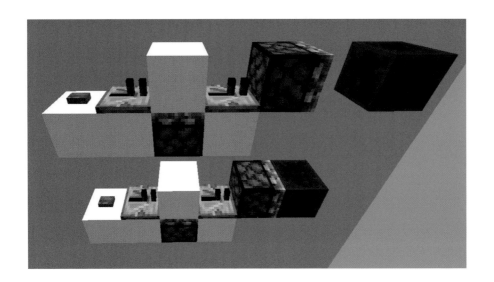

또한 이 외에도 다양한 방식으로 짧은 신호를 만들어 T 플립플롭을 구성할 수 있습니다.

버튼이 눌려 있는 시간보다
T 플립플롭의 작동 시간이
더 빠른 것 같아!

마인크래프트에서 가장 신기하고 황당한 동작 중 하나인 '가짜 연결성'에 대해 알아보겠습니다. 다음 그림처럼 레드스톤 블록을 놓고, 그 아래 한 칸을 띈 뒤 피스톤을 놓습니다. (순서에 주의해 주세요.)

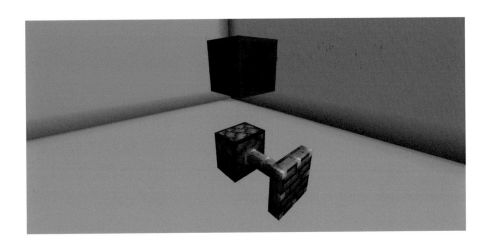

그러면 어째서인지, 신호가 통하지 않아야 할 피스톤이 작동하는 것을 볼 수 있습니다. 어떻게 된 일일까요? 버그일까요?

일반적으로 작동기들은 주변으로부터 자신의 위치로 신호가 전달되었을 때 작동합니다. 그런데 피스톤, 끈끈이 피스톤, 발사기, 공급기는 자신의 높이가 2블록이라고 착각하여, 자신의 위치뿐만 아니라 자신 바로 위의 위치로 신호가 전달되었을 때도 작동합니다. 이것을 <mark>가짜 연결성</mark>이라고 부릅니다. 그림 속의 피스톤은 레드스톤 블록과 한 칸 떨어져 있지만 자신의 높이가 2블록이라고 착각하여 레드스톤 블록으로부터 신호를 받습니다.

그럼 이번에는 위에 있던 레드스톤 블록을 부숴 보겠습니다.

피스톤이 팔을 뻗은 상태 그대로 남아 있습니다. 이 상태에서 피스톤 주위에 아무 블록이나 놓으면 피스톤이 팔을 잡아당깁니다.

이것은 피스톤 등의 블록이 자신의 높이가 두 칸이라고 착각하고 있는 것과는 다르게, 한 칸 떨어져 있는 레드스톤이 부숴진 것으로는 피스톤이 생각해서 변화할 기회가 생기지 않기 때문입니다. 레드스톤 신호의 변화가 작동기의 변화로 연결되는 과정은 다음과 같습니다.

1. 신호를 주는 블록의 상태가 변합니다.

2. 신호를 주는 블록이 자신의 변화로 바뀔 수 있는 범위의 블록들을 깨웁니다.

3. 일어난 블록이 상황을 확인하고 자신의 상태를 변경합니다.

피스톤 등의 높이가 2블록이라는 것은 그들 자신의 생각으로, 3번 과정에서 일어나는 착각입니다. 그러나 다른 블록들은 그렇게 생각하지 않기 때문에 피스톤과 떨어져 있는 레드스톤 블록 입장에서는 피스톤을 깨울 이유가 없습니다. 그래서 피스톤의 생각과 상태가 일치하지 않는 불안정한 상태가 만들어집니다.

이 상황에서 피스톤 주위에 블록을 놓거나 부수면, 바로 붙어 있는 블록의 변화이기 때문에 비로소 피스톤을 깨웁니다. 그제야 피스톤은 상황을 제대로 파악하게 됩니다.

앞서 챕터 4에서 '블록 놓기' 현상이 원래 버그였다가 기능이 되었다고 했었죠. 마찬가지로 '가짜 연결성' 또한 버그였다가 그 유용성 때문에 기능이 된 경우입니다. 특히 관측기가 없었던 시절 BUD를 만드는 대표적인 방법 중 하나였습니다. 위에서 본 것처럼 피스톤의 생각과 상태가 일치하지 않는 상황을 만든 다음 기다리는 것입니다. 이때 그 주변의 블록에 변화를 주게 되면 피스톤이 깨어나서 상태가 바뀌는데, 이것을 이용하여 관측기와 비슷한 효과를 냅니다.

가짜 연결성은 다음과 같은 자동문을 만들 때도 쓰입니다.

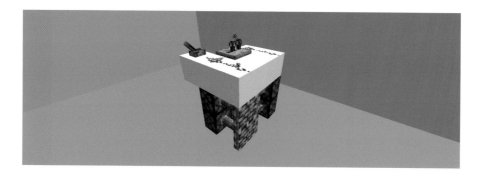

위 그림에서 상하로 붙어 있는 피스톤이 함께 작동하는 이유는 가짜 연결성 때문입니다. 위쪽 피스톤이 작동할 때마다 아래쪽 피스톤을 깨울 것이므로 여기서는 생각과 상태가 다른 경우가 생기지 않습니다.

버튼을 누르면 땅 한 칸이 열리는 함정문을 만들어 보겠습니다.

닫힌 상태(아무것도 보이지 않음)

버튼 누름(땅이 열림)

01 3칸 깊이로 땅을 팝니다. 문과 버튼을 그림에서의 위치에 놓습니다.

02 문 바로 앞 위치에 구덩이를 팝니다.

03 끈끈이 피스톤 3개와 목재 블록을 설치합니다.

04 레드스톤 횃불과 중계기를 설치하고 레드스톤으로 이어 줍니다. 중계기는 한 번 우클릭해 지연 시간을 0.2초로 설정합니다.

※ 피스톤이 모두 작동하여 구덩이를 막아야 정상입니다.

05 버튼 아래에 끈끈이 피스톤과 레드
스톤 블록을 설치합니다.

06 바닥을 덮어 마무리합니다.

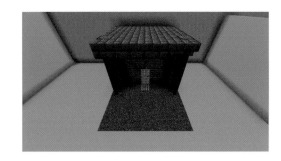

▶ 작동 원리

두 개의 레드스톤 횃불이 있습니다. 횃불 ①이 나무 판자 블록 아래에 있는 피스톤에 닿아 있고, 횃불 ②가 뒤편의 두 피스톤에 닿아 있습니다. 횃불 ②가 이 두 피스톤 모두에 신호를 줄 수 있는 이유는 가짜 연결성 때문입니다.

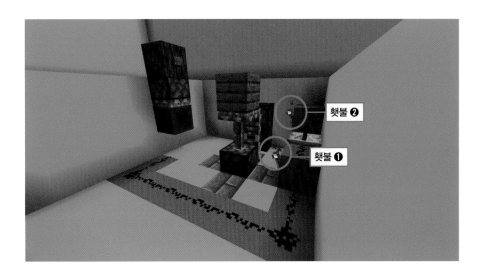

앞의 그림처럼 원래 상태에서는 횃불들이 켜져 있어 모든 피스톤이 팔을 뻗은 상태입니다. 이 경우 구덩이는 막혀 있습니다.

버튼을 누르면 레드스톤 블록이 회로와 연결되어 신호를 주고, 이에 따라 두 횃불이 꺼져 피스톤이 팔을 잡아당깁니다. 이때 목재 블록 아래에 있는 피스톤이 먼저 꺼지고 뒤쪽의 두 피스톤이 중계기 때문에 0.2초 늦게 꺼집니다. 이 점이 함정문이 제대로 작동하는 데 중요한 포인트입니다. 두 피스톤이 꺼지면서 결과적으로 아래 그림과 같이 구덩이가 열리게 됩니다.

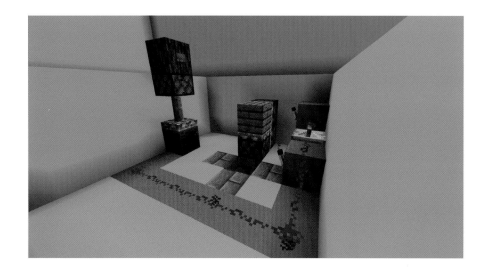

이후 버튼이 원래대로 돌아오면 두 횃불이 차례로 다시 켜집니다. 하지만 목재 블록 아래에 있는 피스톤은 원위치로 복귀한 다음에야 횃불에 닿기 때문에, 이번에는 뒤쪽의 두 피스톤이 먼저 원래대로 돌아옵니다.

버튼을 눌렀다가
함정에 걸려 버렸다!

만들어 보기 – T 플립플롭을 이용한 문

T 플립플롭을 이용하여, 버튼을 누르면 열리고 다시 누르면 닫히는 비밀문을 만들어 보 겠습니다.

닫힌 상태(아무것도 보이지 않음)

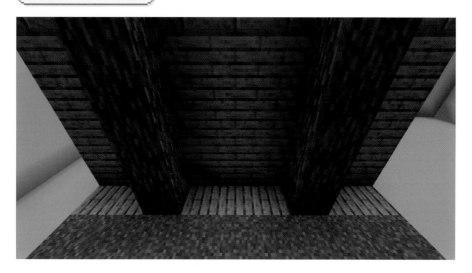

버튼 누름(지하로 통하는 사다리가 나타남)

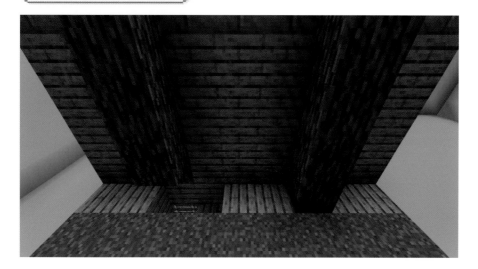

01 지하로 통하는 사다리를 만들고, 사다리로 들어갈 수 있도록 블록 몇 개를 없애 줍니다.

02 벽 뒤에 끈끈이 피스톤 3개와 관측기, 레드스톤 가루를 놓고, 벽 앞에는 버튼을 놓습니다.

※ 버튼을 눌렀을 때 구덩이가 닫히는지 확인하세요!

03 벽을 닫아 마무리합니다.

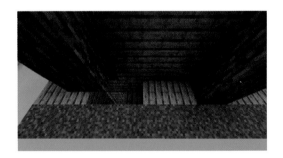

▶ 작동 원리

버튼을 한 번 눌렀을 때 열리고 다시 눌렀을 때 닫힌다는 건 두 가지 상태가 존재한다는 의미입니다.

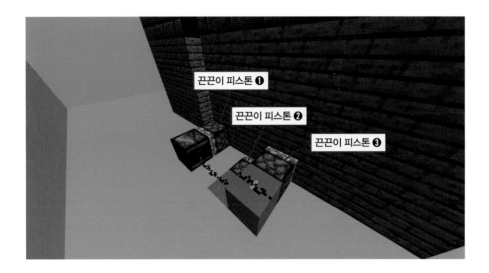

〈배워 보기 – T 플립플롭〉에서 본 것과는 조금 다른 방식의 T 플립플롭입니다. 여기서는 관측기를 이용하여 짧은 신호를 주었습니다.

버튼을 누르면 다음과 같은 원리로 장치가 작동합니다.

1. 끈끈이 피스톤 ①이 관측기를 밀었다가 다시 당깁니다.
2. 관측기는 밀릴 때와 당겨질 때 각각 짧은 신호를 냅니다. 그러나 실제로 신호가 레드스톤 가루에 닿는 것은 당겨질 때뿐입니다.
3. 신호를 받은 끈끈이 피스톤 ②와 ③이 작동하여 앞에 있는 블록을 밀고 놓거나 다시 당겨 옵니다. (이것이 T 플립플롭입니다.)

이번에는 가짜 연결성을 이용해서 신기한 버튼을 만들어 보겠습니다.

기본 상태(버튼이 어떤 회로에도 연결되어 있지 않음)

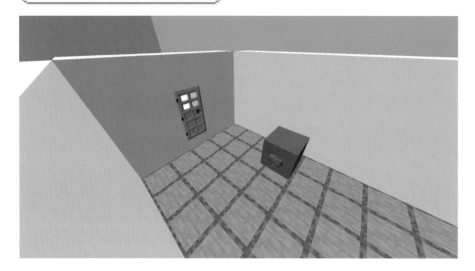

버튼 누름(떨어져 있는 문이 열림)

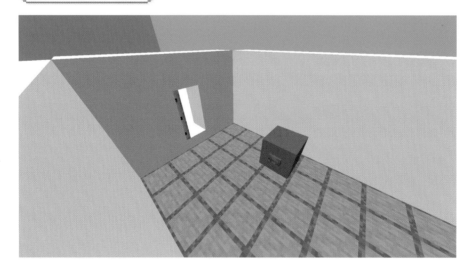

▶ **제작 순서**

01 버튼 아래에 오른쪽 그림과 같은 회로를 만들어 줍니다.

해당 회로는 레드스톤 횃불, 레드스톤 중계기, 레드스톤 가루, 동력 레일(전동 레일), 끈끈이 피스톤, 레드스톤 블록을 이용해 만들면 됩니다.

그중 중계기는 한 번 우클릭해 지연 시간을 0.2초로 설정해 주세요.

※ 레드스톤 횃불 등이 반복해서 깜빡거려야 합니다. 계속 꺼진 상태로 있다면 횃불을 한 번 부쉈다가 다시 놓아 주세요.

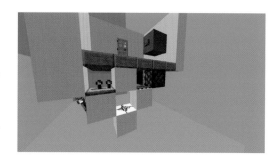

02 끈끈이 피스톤이 레드스톤을 밀었을 때 철 문에 신호가 가도록 그림과 같이 만들어 주세요.

※ 제작 순서 1번과 2번의 그림은 동일한 상태의 회로 모습입니다. 바라본 각도와 그에 따른 주요 기능 설명만 다를 뿐이라는 것을 참고하세요.

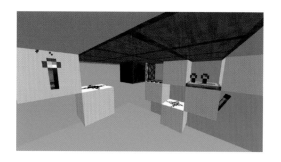

03 기본적으로 철 문에는 레드스톤 횃불에 의한 신호가 통하고 있습니다. 버튼을 누르지 않았을 때 문이 닫힌 것처럼 보이도록 문의 설치 방향을 조절해 주세요. 그러면 신호가 꺼졌을 때 문이 열리도록 할 수 있어요.

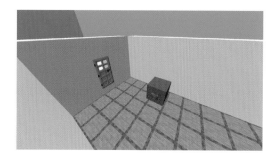

버튼을 눌렀을 때 어떤 원리로 문이 열리는 걸까요? 아래 그림을 보며 설명하겠습니다.

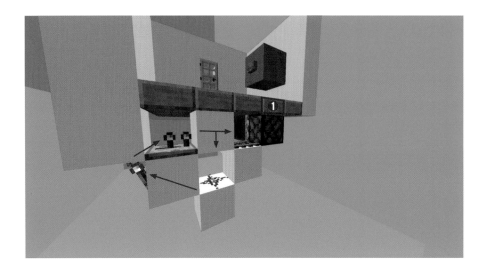

버튼은 붙어 있는 도체가 신호를 띠게 하므로 도체를 통해서 ①에 신호가 전달됩니다. 그리고 가짜 연결성에 의해 자신의 높이가 2블록이라고 착각한 피스톤이 ①에 전달된 신호를 받아 작동합니다.

여기서 문제는 버튼을 누르는 것만으로는 멀리 떨어져 있는 끈끈이 피스톤이 깨어나지 않는다는 점입니다. 이대로는 피스톤이 작동하지 못하기 때문에 피스톤을 계속해서 깨워 주는 회로가 필요합니다.

회로에서 중계기와 레드스톤 가루, 레드스톤 햇불로 이뤄진 부분을 잘 보면, 중계기에서 나온 신호가 레드스톤 햇불이 달린 도체로 전달되는 것을 알 수 있습니다. 중계기가 켜지면 햇불은 꺼지고, 중계기가 꺼지면 햇불은 켜지는 것이죠. 그리고 중계기는 햇불에서 나오는 신호를 받고 있기 때문에 무한히 깜빡거리게 됩니다. 너무 빠르게 깜빡거리면 햇불이 꺼지기 때문에 지연 시간은 0.2초로 설정하는 것이 좋습니다.

중계기의 신호는 동력 레일에도 전달되어 동력 레일도 깜빡거리게 됩니다. 그러면 닿아 있는 끈끈이 피스톤을 계속 깨워 줄 수 있어, 가짜 연결성이 항상 반영됩니다.

PART 2

커맨드 블록

우리들은 형형색색의 아이콘, 메뉴, 버튼으로 이루어진 화면에 익숙해요. 컴퓨터는 사람에게 시각적으로 여러 선택지를 제시해 주고, 우리는 그중에서 원하는 것을 클릭하거나 터치해서 뜻을 전달하죠. 그렇지만 어떤 일들은 컴퓨터가 이해하는 글, 즉 **명령어(Command)**를 키보드로 직접 쳐서 작동시키기도 해요. 주로 메뉴와 버튼 속에 다 담기 어려울 정도로 유연하고 강력한 기능들을 다룰 수 있게 해준답니다.

이번 파트에서는 명령어를 이용한 창작 방법을 공부해요. 챕터 6에서는 명령어의 기본적인 사용 방법과 여러 명령어에 공통적으로 사용되는 개념들을 다뤄요. 챕터 7부터 9까지는 '마녀의 다락방', '무인 상점', '비밀 기지'라는 테마로 명령어를 이용한 작은 장치들을 만들어 보면서 다양한 명령어들을 실습해요. 그리고 챕터 10에서는 외양간을 탈출하는 소들을 잡는 미니게임을 명령어로 구현해 볼 거예요.

강력한 힘에는 큰 재미가 따른대요. 여러분의 새로운 힘을 얻으러 얼른 출발해 볼까요?

마인크래프트
미니게임 만들기

명령어 개요

파트 1에서는 발신기에서 나온 신호가 전달기를 거쳐 작동기에 도달하게 만드는 '레드스톤 설계'를 통해 다양한 자동 장치를 만들어 보았습니다.

레드스톤 관련 아이템들은 서바이벌 모드에서도 얻거나 만들 수 있는 것들이라 서바이벌 생활에서도 자동 농장 같은 장치를 만들어 유용하게 사용할 수 있습니다.

하지만 그렇기 때문에 레드스톤 장치는 자동으로 여러 가지 일을 할 수는 있어도 허무맹랑한 것들을 하지는 못합니다. 예를 들어, 흙을 다이아몬드로 만드는 레드스톤 기계는 만들 수 없겠죠. (기계 주인이 미리 다이아몬드를 넣어 둔 게 아니라면요!) 그런 게 가능하다면 게임의 밸런스가 완전히 무너질 테니까 말이에요.

우리가 이제부터 배울 '명령어'는 게임의 밸런스를 전혀 고려하지 않고, 그저 게임에 원하는 것을 요구하는 방법입니다. 가령 "다이아몬드 검을 줘!"라고 하면 아무런 대가 없이 다이아몬드 검이 나타나는 것이죠.

이러한 명령어 사용은 게임을 일반적으로 플레이하는 방법이 아닌 만큼 서바이벌 세계에서는 보통 잘 쓰이지 않는 편이지만 미니게임 개발이나 서버 관리 같은 일에는 유용하게 쓰인답니다.

시작하기

명령어를 사용하기 위해서는 먼저 간단한 설정을 해 주어야 합니다. 싱글플레이, LAN 서버, 멀티플레이 서버에서 명령어를 사용하려면 어떤 설정이 필요한지 하나하나 살펴보겠습니다.

싱글플레이에서는 치트가 켜져 있는 세계에서만 명령어를 사용할 수 있습니다. 새로운 세계를 만들 때 "치트 허용: 켜짐"으로 설정해 주세요.

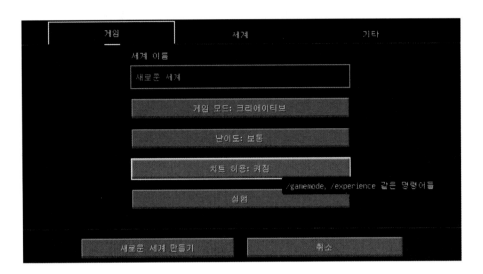

치트가 켜진 세계를 연 뒤, 키보드의 슬래시(/) 키를 눌러 대화 입력란을 엽니다. 대화를 입력할 때 주로 쓰는 t 키 대신 슬래시 키를 눌러 입력란을 열면 기본적으로 '/'가 입력되어 있습니다.

다음 화면 하단에 보이는 것처럼 입력란에 /give @s minecraft:diamond_sword를 입력한 뒤 엔터 키를 눌러 보세요.

엔터 키를 눌러 명령어를 실행시키니 다음과 같이 다이아몬드 검을 자신에게 지급했습니다.

▸ LAN 서버에서 명령어 사용하기

싱글플레이 세계에서 ESC를 눌러 게임 메뉴를 열어 보세요. 거기서 "LAN 서버 열기"를 눌러 같은 LAN(근거리 통신망)에 속한 플레이어와 같이 플레이할 수 있습니다.

LAN 서버를 열 때 "치트 허용: 켜짐"으로 설정하여 명령어를 허용할 수 있습니다.

참고로 처음 만들 때 치트를 허용하지 않은 세계라도 LAN 서버를 열 때 치트를 허용하도록 설정할 수 있고, 이를 이용해 명령어 비허용 서버에서 명령어를 쓰는 꼼수가 있습니다. 별도 프로그램을 이용하여 저장 파일 설정을 수정하는 것보다 간단하기 때문에 많이 쓰이는 방법이죠.

▶ 멀티플레이 서버에서 명령어 사용하기

멀티플레이 서버에서 명령어를 사용하기 위해서는 관리자 권한이 필요합니다. 서버 콘솔에 op <관리자로 정할 플레이어 이름>을 입력하고 엔터 키를 누르세요. 예를 들어 Protoss를 관리자로 지정하려면 콘솔에 op Protoss를 쓰면 됩니다. 반대로 관리자 권한을 뺏으려면 deop Protoss를 씁니다.

op와 deop 또한 명령어로, 콘솔 창뿐만 아니라 게임 플레이 중에 사용하는 대화 창에서도 해당 명령어를 사용할 수 있습니다. 다만 콘솔에 op Protoss라고 쓸 것을 플레이어 대화 창에는 슬래시를 붙여 /op Protoss라고 써야 한다는 점을 유의하세요.

➕ 알아두기 이 책에서는 멀티플레이 서버에 대해 자세히 다루지 않습니다. 멀티플레이에 대한 더 많은 정보가 필요하다면 온라인에서 검색해 보거나 이후 출간될 우마공 마인크래프트 시스템 개발일지 시리즈의 플러그인 편 도서를 기대해 주세요!

마인크래프트에 존재하는 명령어는 현재 70가지가 넘고 계속해서 새로 추가되고 있습니다. 처음 보는 명령어들을 익히려면 먼저 명령어에 대한 설명을 잘 읽는 게 중요하죠.

본격적으로 명령어에 대해 학습하기 전에 kill 명령어 구문에 대한 설명을 보면서 명령어는 어떻게 쓰는 것인지 감을 잡아 보겠습니다.

/kill
: 자신을 죽입니다. 크리에이티브 모드, 무적 상태 등과 상관없이 즉사합니다.

/kill <개체>
: **개체**를 죽입니다. 크리에이티브 모드, 무적 상태 등과 상관없이 즉사합니다.

위에서는 kill 명령어의 구문을 두 가지로 구분해서 설명하고 있습니다. 첫 번째 설명은 대화 창에 그냥 /kill이라고 쓰고 엔터 키를 누르면 자기 자신이 그대로 사망한다는 뜻입니다. kill 명령어로 자기 자신을 죽여 보겠습니다.

(화면에 표시된 finalchild는 필자의 닉네임입니다.)

한편 두 번째 설명에는 /kill <개체>라고 쓰여 있습니다. <개체>처럼 홑화살괄호로 감싼 부분이 있으면, 그 부분에 플레이어 이름처럼 적절한 내용을 쓰라는 뜻입니다. 예를 들어 /kill Ranol_처럼 kill 명령어 뒤에 죽이고 싶은 플레이어의 이름을 넣어 보세요.

/kill Ranol_이라는 명령어로 Ranol_을 죽였습니다.

앞에서 /kill과 /kill <개체>를 나눠서 설명했지만 다음과 같은 구문으로 한꺼번에 소개할 수도 있습니다.

/kill [<개체>]
: **개체**를 죽입니다. 크리에이티브 모드, 무적 상태 등과 상관없이 즉사합니다.
: **개체**를 쓰지 않으면 자기 자신을 죽입니다.

대괄호로 감싼 부분은 '선택 사항'이라는 것을 의미합니다. 그 부분은 써도 되고 안 써도 되는 것이죠. 하지만 생략한 경우에 어떻게 동작하는지에 대해서는 추가적인 설명이 필요합니다. 위 kill 명령어 구문 설명에서는 **개체**를 지정하지 않았을 때 자기 자신을 죽인다고 말하고 있습니다.

kill 명령어에 플레이어 이름을 넣어 죽이는 방법을 배웠습니다. 그런데 플레이어 말고 돼지, 좀비, 갑옷 거치대 같은 다른 개체는 어떻게 죽일 수 있을까요? 또, 모든 플레이어를 죽인다거나 가장 가까이 있는 플레이어를 죽이는 것 같은 일은 어떻게 할까요?

명령어에서 개체를 지정할 때는 플레이어 이름 외에도 **선택자**를 이용할 수 있습니다. 선택자는 조건에 맞는 개체를 선택하는 구문으로, 다섯 가지 종류가 있습니다.

개체를 지정할 때 사용하는 선택자 종류

선택자	암기용 영단어	의미
@s	self	**자기 자신**을 선택
@p	player / proximate	자신을 포함해 가장 **가까이 있는 플레이어**를 선택
@r	random	**무작위 플레이어** 한 명을 선택
@a	all	**모든 플레이어**를 선택
@e	entities	**모든 개체**를 선택

/kill @a로 모든 플레이어를 죽이거나 kill @e로 모든 개체를 죽이는 식으로 사용할 수 있습니다. 시험 삼아 완전한 평지에서 kill @e를 한 번 쳐 볼까요?

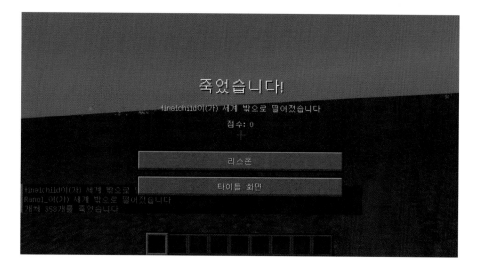

세계에 존재하는 모든 개체를 죽였습니다. (사실, 너무 멀리 있어서 컴퓨터에 불러와지지 않은 개체들은 죽지 않았을 거예요.)

이 다섯 가지 선택자만으로 충분할 때도 있지만 더 자세한 조건으로 선택하고 싶을 때도 많습니다. 그럴 때는 뒤에 대괄호를 붙이고 추가로 조건을 넣어 주면 됩니다.

여기에 선택자를 응용하는 예시를 몇 가지 적어 둘 테니 필요할 때마다 참고해 보세요.

선택자 응용 예시

선택자	의미
@e[distance=..3.5]	자신으로부터 거리가 3.5 이하인 개체만 선택
@e[distance=8..30]	자신으로부터 거리가 8 이상 30 이하인 개체만 선택
@e[distance=30..]	자신으로부터 거리가 30 이상인 개체만 선택
@e[x=0,y=0,z=0,distance=..3.5]	좌표 (0, 0, 0)으로부터 거리가 3.5 이하인 개체만 선택
@e[x=30,dx=5,y=40,dy=6,z=50,dz=7]	x 좌표가 30~35, y 좌표가 40~46, z 좌표가 50~57 안에 있는 개체만 선택
@e[name="뚱이"]	이름이 뚱이인 개체만 선택
@e[name=!"뚱이",name=!"스폰지밥"]	이름이 뚱이나 스폰지밥이 아닌 개체만 선택
@e[type=minecraft:zombie]	좀비만 선택
@e[type=!minecraft:zombie]	좀비가 아닌 개체만 선택
@e[sort=nearest,limit=3]	가장 가까이 있는 개체를 3개까지 선택
@e[sort=furthest,limit=3]	가장 멀리 있는 개체를 3개까지 선택
@e[sort=random,limit=2]	무작위로 개체를 2개까지 선택

플레이어를 선택하고 싶을 때는 @e 대신 @a를 쓰면 됩니다. 그리고 조건을 여러 개 붙이고 싶을 때는 쉼표로 구분합니다.

예를 들어 '거리 5 이내에 있는 플레이어 중에서 무작위로 2명까지 고르는 선택자'를 만들어 볼까요? 모든 플레이어(@a) 중에서 거리 5 이내에 있는(distance=..5) 플레이어를 무작위로 2명까지(sort=random,limit=2) 고릅니다.

즉 @a[distance=..5,sort=random,limit=2]라고 쓰면 되는 것이죠.

잠깐! 혹시라도 위 예시가 무슨 뜻인지 정확히 이해하지 못했다고 걱정하지 마세요. 선택자 활용에 대한 상세한 내용은 이번 파트를 진행하며 차차 알아볼 테니까요. 지금은 '아, 선택자는 이렇게 쓰는구나!'하고 느끼는 것으로 충분합니다.

다음은 개체를 순간 이동시키는 데 쓰는 명령어 **tp**에 대한 설명입니다.

/tp [<개체1>] <개체2>
: **개체1**을 **개체2**의 위치로 순간 이동시킵니다. 방향도 똑같이 맞춥니다.
: **개체1**을 지정하지 않으면 자기 자신을 **개체2**의 위치로 순간 이동시킵니다.

/tp [<개체>] <위치>
: **개체**를 **위치**로 순간 이동시킵니다.
: **개체**를 지정하지 않으면 자기 자신을 **위치**로 순간 이동시킵니다.

명령어에 개체나 위치를 지정하는 부분이 포함되어 있네요. 각 칸을 채워 줘야 명령어가 작동하겠죠?

개체를 지정하는 부분에는 앞에서 배운 대로 플레이어 이름이나 선택자를 이용하면 됩니다. /tp clone_jhs라고 하면 자기 자신을 clone_jhs에게로 순간 이동시키고, /tp @a @s라고 하면 모든 플레이어를 자신의 위치로 순간 이동시키는 식이죠.

그런데 두 번째 설명의 〈위치〉 칸은 어떻게 채워 넣으면 될까요? 위치를 지정하기 위해서는 '절대 좌표', '상대 좌표', '로컬 좌표'라는 마인크래프트의 좌표 시스템 중 하나를 사용해야 합니다.

▶ 절대 좌표

마인크래프트는 각 지점의 위치를 x 좌표, y 좌표, z 좌표라는 세 개의 숫자로 표현합니다.

동쪽으로 한 블록을 이동할 때마다 x 좌표는 1씩 증가합니다. 이와 같은 방식으로 위로 이동할 때 y 좌표가, 남쪽으로 이동할 때 z 좌표가 1씩 증가합니다.

1블록 이동했을 때 세계 좌표 변화

방향	좌표 변화
동쪽	x 1 증가
서쪽	x 1 감소
위	y 1 증가
아래	y 1 감소
남쪽	z 1 증가
북쪽	z 1 감소

게임 중에 현재 위치의 좌표를 보고 싶으면 F3 키를 눌러 디버그 화면을 켜 보세요.

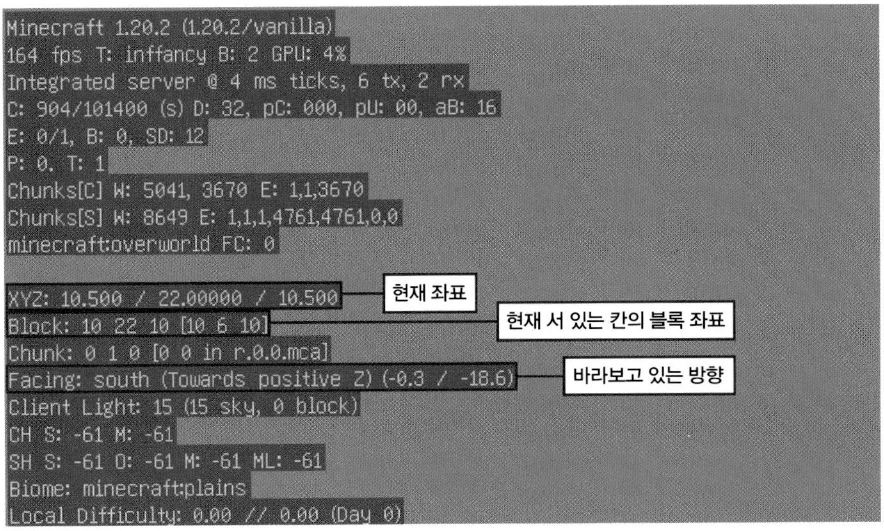

```
Minecraft 1.20.2 (1.20.2/vanilla)
164 fps T: inffancy B: 2 GPU: 4%
Integrated server @ 4 ms ticks, 6 tx, 2 rx
C: 904/101400 (s) D: 32, pC: 000, pU: 00, aB: 16
E: 0/1, B: 0, SD: 12
P: 0. T: 1
Chunks[C] W: 5041, 3670 E: 1,1,3670
Chunks[S] W: 8649 E: 1,1,1,4761,4761,0,0
minecraft:overworld FC: 0

XYZ: 10.500 / 22.00000 / 10.500      ← 현재 좌표
Block: 10 22 10 [10 6 10]            ← 현재 서 있는 칸의 블록 좌표
Chunk: 0 1 0 [0 0 in r.0.0.mca]
Facing: south (Towards positive Z) (-0.3 / -18.6)  ← 바라보고 있는 방향
Client Light: 15 (15 sky, 0 block)
CH S: -61 M: -61
SH S: -61 O: -61 M: -61 ML: -61
Biome: minecraft:plains
Local Difficulty: 0.00 // 0.00 (Day 0)
```

왼쪽에 흰색 글씨로 많은 정보가 표시되는데, 그중 **XYZ**라고 되어 있는 부분이 현재 좌표입니다. 위 그림에서는 x, y, z 좌표가 각각 10.5, 22.0, 10.5라는 뜻이죠. 이 상태에서 움직이면 움직인 방향에 따라 좌표가 변하는 것을 볼 수 있습니다.

한편 **XYZ** 아래에 **Block**이라고 되어 있는 부분은 현재 서 있는 칸의 블록 좌표로, 소수점이 없습니다.

그리고 몇 줄 더 내려가면 **Facing**이라는 부분이 보입니다. 여기에서는 플레이어가 바라보고 있는 방향과 그 방향으로 이동했을 때 어느 좌표가 증가/감소하는지 알려 줍니다. 그림에서는 south(남쪽)를 바라보고 있고, 남쪽은 positive Z 방향(Z 좌표가 증가하는 방향)이라고 되어 있네요.

좌표를 확인했으니 tp 명령어에 좌표를 넣어서 사용해 보겠습니다. /tp 10.5 20.0 10.5라고 치면 (10.5, 20.0, 10.5) 좌표로 이동합니다. 간단하죠?

단, 여기서 한 가지 주의해야 할 것이 있습니다. 바로 /tp 10 20 10은 (10.0, 20.0, 10.0)이 아니라 (10.5, 20.0, 10.5)로 이동한다는 점입니다. 소수점이 없는 x 좌표나 z 좌표를 입력하면 그 칸의 중심, 즉 0.5를 더한 위치로 이동합니다. y 좌표는 위아래를 나타내므로 이런 보정이 들어가지 않습니다.

지금까지 배운 좌표는 가장 기본이 되는 좌표로, 절대 좌표라고 합니다.

▶ 상대 좌표

목적지의 좌표를 정확하게 알면 그 좌표를 직접 적어 이동할 수 있었습니다. 그런데 "1칸 북쪽으로 이동" 같은 명령어가 필요할 때가 있습니다. 이때 사용하는 것이 상대 좌표이며, 상대 좌표는 물결표(~) 표기법이라고도 부릅니다.

세계 상대 좌표에서는 10.5처럼 수를 직접 적는 대신 ~2, ~-2처럼 물결표 뒤에 수를 적어 표현합니다. x 좌표를 ~2라고 쓰면 자신의 x 좌표에 2를 더하라는 뜻이고, ~-2라고 쓰면 2를 빼라는 뜻입니다. 참고로 여기서 좌표 기준은 명령어 실행자의 위치입니다.

예를 들어 (3, 4, 5) 좌표에 있을 때 /tp ~6 ~-7 ~3을 입력해 실행하면 x 좌표는 3+6=9, y 좌표는 4-7=-3, z 좌표는 5+3=8이 됩니다. 그래서 (9, -3, 8)으로 이동합니다.

좌표 이동 계산 예시

좌표	실행 위치	지정 좌표	계산 결과
x 좌표	3	~6	3 + 6 = 9
y 좌표	4	~-7	4 - 7 = -3
z 좌표	5	~3	5 + 3 = 8

또한 뒤에 숫자 없이 물결표만 쓰면 ~0을 의미합니다. 따라서 ~ ~ ~는 ~0 ~0 ~0과 같은 뜻이므로 현재 위치를 그대로 나타냅니다. 그렇다면 처음 예시로 들었던 "1칸 북쪽으로 이동"이라는 명령은 어떻게 적으면 될까요? 북쪽이 z 좌표 감소 방향이므로 /tp ~ ~ ~-1로 쓸 수 있겠죠?

절대 좌표와 상대 좌표 섞어 쓰기

좌표는 x, y, z의 숫자 세 개로 이루어져 있습니다. 지금까지는 x, y, z를 모두 절대 좌표로 지정하거나 모두 상대 좌표로 지정했지만, 사실 이 두 가지 방법을 섞어서 사용해도 된답니다.

예를 들어, 지하에 있던 사람이 그대로 땅 위로 이동하고 싶은 경우를 생각해 보세요. 지상의 y 좌표가 65라면 x와 z는 놔둔 채로 y만 65로 이동하고 싶을 거예요. /tp ~ 65 ~라고 치면 x 좌표와 z 좌표는 상대 좌표로 변함이 없고, y 좌표만 절대 좌표로 65로 지정됩니다.

▶ 로컬 좌표

로컬 좌표는 상대 좌표와 비슷하지만, 상대 좌표와는 다르게 동서남북 및 위아래가 고정된 방향이 아닙니다. 그 대신 명령어 실행자가 **바라보고 있는 방향**을 기준으로 왼쪽이 x 증가, 위쪽이 y 증가, 앞쪽이 z 증가 방향이 되죠.

1블록 이동했을 때 로컬 좌표 변화

방향	좌표 변화
왼쪽	x 1 증가
오른쪽	x 1 감소
위	y 1 증가
아래	y 1 감소
앞쪽	z 1 증가
뒤쪽	z 1 감소

알아두기 여기서 위아래는 지면을 기준으로 위아래가 아니라 바라보고 있는 방향을 기준으로 위아래라는 것을 기억하세요. 쉽게 말해 위는 정수리 방향, 아래는 턱 방향이라고 할 수 있어요!

상대 좌표가 물결표를 사용했던 것처럼 로컬 좌표는 **캐럿(^)** 기호를 사용합니다. 예를 들어 /tp ^ ^ ^-1은 "한 칸 뒤로 이동"을, /tp ^1 ^ ^은 "한 칸 왼쪽으로 이동"을 의미합니다.

참고로 로컬 좌표는 다른 좌표와 섞어 쓸 수 없습니다. x 좌표에 캐럿을 사용했다면 y, z 좌표도 캐럿을 사용해 나타내야 합니다.

명령어를 이용해 게임을 만들기 위해서는 명령어를 자동으로 실행하는 방법이 필요합니다. 레드스톤 장치를 만들 때 했던 것처럼 '어떤 상황이 만들어졌을 때 그에 반응하여 명령어가 실행'되어야 하는 것이죠.

가장 간단한 해결책은, 명령어를 실행하는 레드스톤 작동기가 있으면 됩니다! 레드스톤 신호로 명령어를 자동화할 수 있게 만드는 블록이 있습니다. 바로 **커맨드 블록**입니다. 커맨드 블록은 관리자 도구로, 기본적으로는 크리에이티브 보관함에서 숨겨져 있습니다.

1.19.3 버전 이상이라면 [설정...] ⇒ [조작...]에서 "관리자 아이템 탭: 켜짐"으로 설정하면 크리에이티브 보관함에 [관리자 도구] 탭이 추가됩니다.

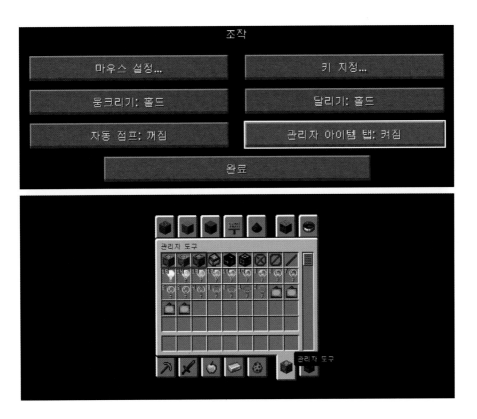

그러면 위와 같이 세 종류의 커맨드 블록을 비롯해 여러 아이템을 볼 수 있습니다.

한편 하위 버전이거나 크리에이티브 보관함을 열기 귀찮은 경우 다음 표의 명령어들을 이용해 세 종류의 커맨드 블록을 가져올 수 있습니다.

반응형, 연쇄형, 반복형 커맨드 블록을 가져오는 명령어

커맨드 블록	커맨드 블록을 가져오는 구문
반응형	/give @s minecraft:command_block
연쇄형	/give @s minecraft:chain_command_block
반복형	/give @s minecraft:repeating_command_block

세 종류의 커맨드 블록은 놓은 이후에도 설정을 통해 종류를 바꿀 수 있습니다. 취향에 따라 세 종류를 모두 들고 다녀도 되고 한 종류만 들고 다녀도 무방합니다.

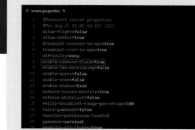

멀티플레이 서버에서 커맨드 블록 사용하기

멀티플레이 서버에서 커맨드 블록을 사용하기 위해서는 server.properties 파일에서 **enable-command-block=true**로 설정한 상태로 서버를 열어야 합니다.

▶ 반응형 커맨드 블록

반응형 커맨드 블록은 가장 기본이 되는 커맨드 블록으로, 아이템의 이름도 그냥 '커맨드 블록'입니다. 색은 주황색입니다.

반응형 커맨드 블록을 사용해 보겠습니다. 먼저 크리에이티브 보관함의 [관리자 도구] 탭에서 주황색 블록을 찾아 보세요. 주황색 커맨드 블록을 놓고 우클릭하면 명령어를 작성할 수 있는 화면이 나타납니다.

다음과 같은 화면에서 콘솔 명령어로 **say Hello World!**라고 적습니다. (/say처럼 슬래시를 넣어서 적어도 괜찮습니다.) 그리고 설정이 '반응형', '무조건적', '레드스톤 필요'인지 확인하고 '완료'를 누릅니다.

그런 다음 커맨드 블록에 버튼을 달고 눌러 주면 버튼이 낸 레드스톤 신호가 커맨드 블록에 전달되어 명령어가 실행됩니다.

say는 뒤에 적은 말을 대화 메시지로 보내는 명령어입니다. 따라서 앞서 작성한 명령어가 실행된 결과, 화면에 "Hello World!"가 출력되었습니다.

레드스톤 장치를 만들고 원할 때 신호가 커맨드 블록에 전달되도록 하면 됩니다. 어떤 식으로 명령어를 자동화하는 것인지 감이 잡히나요?

연쇄형 커맨드 블록은 커맨드 블록 여러 개가 연쇄적으로 실행되게 할 때 사용합니다. 보통 연쇄형이 아닌 다른 커맨드 블록들을 가장 앞에 두고 연쇄형 커맨드 블록들을 이어 붙입니다. 연쇄형 커맨드 블록의 색은 청록색입니다.

먼저 커맨드 블록을 관찰해 보겠습니다. 블록에 방향이 있는 것이 보이나요?

마치 화살표처럼 어떤 방향을 가리키고 있습니다. 이것이 연쇄 방향입니다. 어떤 커맨드 블록이 실행되었을 때 연쇄 방향에 연쇄형 커맨드 블록이 있다면 그 연쇄형 커맨드 블록도 이어서 실행됩니다.

반응형 뒤에 네 개의 연쇄형을 놓고 각각의 블록에 say 명령어를 설정하겠습니다.

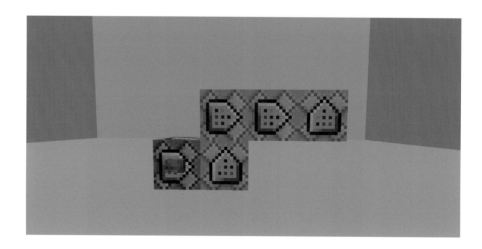

가장 왼쪽 아래에 있는 반응형 커맨드 블록을 작동시키면 다음 그림과 같이 5개의 커맨드 블록이 연달아 모두 작동하는 것을 볼 수 있습니다.

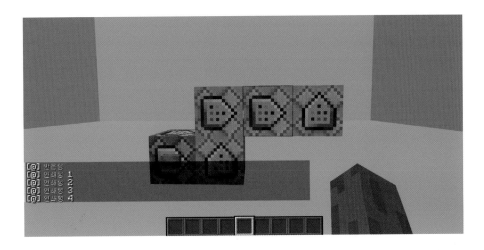

연쇄형은 일반적으로 '항상 활성화'로 설정하여 사용합니다. (참고로 연쇄형 커맨드 블록 아이템을 이용하여 놓은 경우 '항상 활성화'가 기본값입니다.) '레드스톤 필요'로 설정되면 레드스톤 신호가 있을 때만 작동하기 때문에 연쇄형의 사용 목적과는 잘 맞지 않습니다.

▶ 반복형 커맨드 블록

반복형 커맨드 블록은 0.05초마다 한 번씩 작동을 반복합니다. 색은 보라색입니다. say 명령어를 설정하고 레버로 신호를 주면, 신호를 끌 때까지 계속 대화란을 도배합니다.

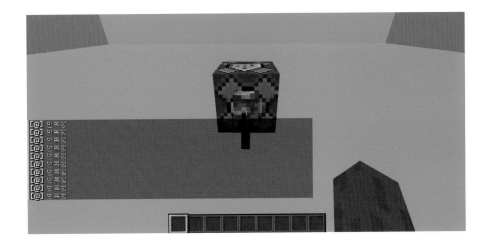

반복형은 주로 '계속해서 조건을 확인'하는 용도로 사용됩니다. 명령어로 만든 복잡한 게임에서는 반복형 커맨드 블록들이 한편에 숨어서 계속 작동하고 있는 경우가 많습니다.

▸ 커맨드 블록 설정

지금까지 반응형, 연쇄형, 반복형이라는 세 가지 종류의 커맨드 블록을 알아보았습니다. 이 중 하나를 고르는 것이 가장 중요한 설정이죠. 그러나 커맨드 블록에는 이러한 종류 말고도 '무조건적/조건적', '레드스톤 필요/항상 활성화'라는 두 가지 설정이 더 있습니다.

먼저 '무조건적'과 '조건적' 중 하나를 고를 수 있습니다. 기본값은 '무조건적'으로 설정되어 있으며, 특별한 경우가 아니면 그대로 사용하면 됩니다. '조건적'은 대부분 연쇄형의 경우에만 사용하므로 이 경우만 알아보겠습니다.

'조건적'은 이전 블록이 성공적으로 작동했을 때에만 연쇄를 이어가라는 설정입니다. 명령어들 중에는 특정 조건을 만족하는 상황에만 작동하는 것들이 있고, 선택자가 아무 개체도 선택하지 못해서 명령어가 작동하지 않는 경우도 있습니다. 이때 그다음 연쇄형 블록이 '무조건적'이라면 이전 명령어의 작동 여부와 상관없이 연쇄가 이어지고, '조건적'이라면 이어지지 않습니다.

> ⊕ **알아두기** '조건적' 커맨드 블록은 자기 자신의 화살표 반대쪽에 있는 블록을 무조건 이전 블록으로 생각합니다. 연결된 커맨드 블록들의 연쇄 방향이 꺾이는 위치에 조건적 블록이 있는 경우, 조건적 블록이 엉뚱한 블록의 성공 여부를 확인하려 할 수 있으니 연쇄형 블록들은 웬만하면 일직선으로 놓도록 해 주세요!

다음으로 '레드스톤 필요'와 '항상 활성화' 중 하나를 고를 수 있습니다. '레드스톤 필요'로 설정된 경우 레드스톤 신호가 없으면 작동하지 않고, '항상 활성화'로 설정된 경우 레드스톤 신호와 상관없이 작동합니다.

반응형과 반복형은 '레드스톤 필요', 연쇄형은 '항상 활성화'가 기본값입니다. 반응형은 기본값대로 '레드스톤 필요'를 주로 사용하고, 연쇄형도 기본값인 '항상 활성화'를 사용합니다. 반복형은 레드스톤 신호가 없어도 반복할지 여부에 따라 두 설정 중 하나를 고릅니다.

정리하자면, 주로 사용하는 커맨드 블록 설정은 다음 표에 나타난 다섯 가지가 전부입니다.

주로 사용하는 커맨드 블록 설정 다섯 가지

커맨드 블록	설정	목적
반응형	반응형, 무조건적, 레드스톤 필요	신호를 받으면 명령어 실행
연쇄형	연쇄형, 무조건적, 항상 활성화	이전 블록에 연달아 실행
	연쇄형, **조건적**, 항상 활성화	이전 블록이 성공하면 연달아 실행
반복형	반복형, 무조건적, 레드스톤 필요	신호가 있는 동안 반복 실행
	반복형, 무조건적, **항상 활성화**	항상 반복 실행

커맨드 블록은 물음표가 느낌표로 바뀌면 작동하게 되어 있어.
신호를 받았니? "받았어!" 그럼 작동하는 거야~

마인크래프트
미니게임 만들기

CHAPTER
7

마녀의 비밀 다락방

이제 본격적으로 명령어라는 도구를 이용하여 시스템을 만들어 보겠습니다. 커맨드 블록을 적절히 이용하면 레드스톤 장치 같은 복잡한 기계 장치 없이도 원하는 기능을 구현할 수 있습니다. 이번에는 마녀의 집을 테마로 하여 건축한 뒤, 레버를 내리면 숨겨진 다락방으로 가는 계단이 공중에 나타나도록 할 거예요. 명령어로 세계와 상호 작용하는 것이 얼마나 간단한지 느껴 주세요!

 ## 배워 보기 – 블록 ID, 아이템 ID, 개체 ID, …

마인크래프트는 영어, 한국어 등 여러 언어로 플레이할 수 있습니다. 그렇다 보니 마인크래프트의 블록, 아이템, 개체 등을 부르는 명칭은 각 언어마다 제각각일 수밖에 없죠. "밀랍칠한 약간 녹슨 깎인 구리 반 블록"을 예로 들자면 다음과 같습니다.

한국어 "밀랍칠한 약간 녹슨 깎인 구리 반 블록"
영어 "Waxed Exposed Cut Copper Slab"
중국어 "斑驳的涂蜡切制铜台阶"
일본어 "錆止めされた風化した切り込み入りの銅のハーフブロック"

언어가 달라도 똑같은 명령어를 사용하려면 어떻게 해야 할까요? 방법은 아주 간단합니다. 명령어에서 블록, 아이템, 개체 등을 부를 때 일반적인 이름 대신 고유의 ID를 정해서 사용하는 것입니다. 동식물을 부를 때 여러 나라의 사람들이 똑같이 사용하는 학명이 있는 것과 비슷합니다.

흙의 블록 ID는 `minecraft:dirt`이고, 다이아몬드 블록의 블록 ID는 `minecraft:diamond_block`입니다. 앞에 붙은 `minecraft:` 부분은 모드(게임 개조)로 추가된 것이 아니라 마인크래프트 게임 자체에 들어 있는 블록임을 나타냅니다. 게임에 원래부터 있던 블록이라는 걸 알아챌 수 있다는 점은 좋지만, 사실 명령어를 입력하는 플레이어 입장에서는 minecraft:을 매번 치기 귀찮을 수 있죠. 그래서인지 이 부분을 생략하고 dirt, diamond_block처럼 써도 명령어에서는 문제가 없도록 되어 있습니다.

▸ ID 확인 방법

ID를 확인하는 방법은 여러 가지가 있습니다.

- 웹 검색하기
- 명령어 자동 완성 기능으로 찾기
- 아이템을 들고 F3 + H 키 누르기(블록, 아이템만 가능)

웹 검색을 하면 여러 사이트에서 잘 정리해 놓은 자료를 볼 수 있습니다. 그렇지만 개인 성향에 따라 매번 검색으로 자료를 찾아야 하는 걸 불편하게 느끼는 사람도 있죠. 그런 사람들을 위해 게임 안에서 ID를 볼 수 있는 방법들도 함께 소개하겠습니다.

게임 안에서 ID를 확인하는 방법, 그 첫 번째는 '명령어 자동 완성 기능'을 이용하는 것입니다. 명령어에서 ID가 들어가야 하는 자리까지만 게임에 입력하고 화면을 보면, 사용할 수 있는 모든 ID의 목록이 나열됩니다. 그리고 글자를 더 입력하면 그 글자들이 들어간 ID를 자동으로 검색해 줍니다.

'/give @s '를 입력한 상태에서 자동 완성 기능

위, 아래 화살표 키를 눌러 목록 중에서 사용할 ID를 선택하고 Tab 키를 누르면 그대로 자동 완성됩니다. 정확한 ID가 무엇인지 헷갈릴 때 사용하기 좋은 기능이죠.

두 번째 방법은 '아이템을 들고 F3 + H 키 누르기'입니다. 블록과 아이템에만 사용할 수 있다는 제한은 있지만 ID를 확실하게 확인할 수 있다는 장점이 있습니다.

먼저 키보드에서 F3 키를 누른 상태에서 H 키까지 같이 누르면 고급 도구 설명이 표시된다는 메시지가 나옵니다. (F3 + H 키를 다시 누르면 끌 수 있습니다.)

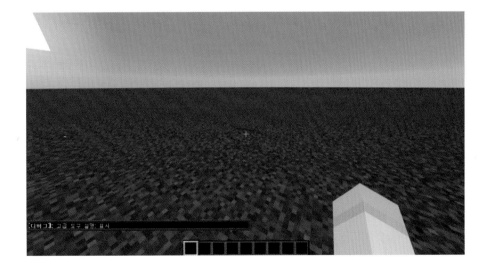

그 후에 원하는 아이템에 마우스 포인터를 올리면 블록이나 아이템 ID를 회색 글씨로 보여 줍니다. ID 외에도 명령어 작업에 중요한 정보가 표시되는 경우가 많으니 적극적으로 사용해 주세요!

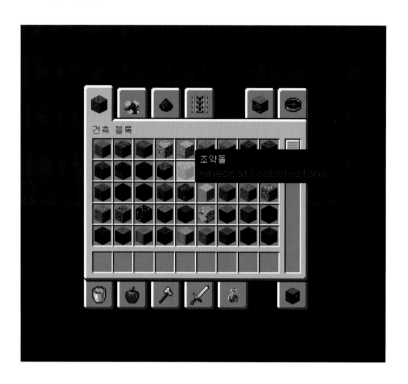

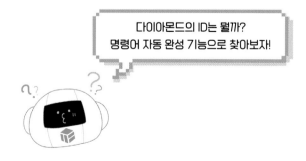

다이아몬드의 ID는 뭘까?
명령어 자동 완성 기능으로 찾아보자!

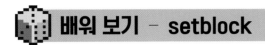 **배워 보기 – setblock**

setblock은 마인크래프트 세계의 기본 단위인 블록을 설치 및 교체하는 명령어입니다. 다음 구문과 같이 위치와 블록을 지정하면 그 위치에 해당 블록을 설치합니다.

`/setblock <위치> <블록>`
: **위치**에 있는 블록을 **블록**으로 설정합니다. 원래 있던 블록은 사라집니다.

사용 예	의미
`/setblock ~ ~ ~ minecraft:stone`	현재 위치에 있는 블록을 돌로 바꿉니다.
`/setblock ~ ~3 ~-1 minecraft:dirt`	현재 위치로부터 3블록 위, 1블록 북쪽에 있는 블록을 흙으로 바꿉니다.
`/setblock 0 100 0 minecraft:diamond_block`	0 100 0 좌표에 있는 블록을 다이아몬드 블록으로 바꿉니다.
`/setblock 0 100 0 minecraft:air`	0 100 0 좌표에 있는 블록을 공기, 즉 아무 블록도 없는 상태로 바꿉니다.

일반적으로 setblock 명령어를 사용하면 원래 있던 블록은 그냥 사라집니다. 원래 있던 블록을 마법처럼 없애는 것이 아니라 플레이어가 부순 것처럼 아이템이 나오게 하고 싶다면 destroy를 맨 뒤에 붙여 주세요.

`/setblock <위치> <블록> destroy`
: **위치**에 있는 블록을 **블록**으로 설정합니다. 그 위치에 이미 블록이 있다면(공기가 아니라면) 플레이어가 부순 것처럼 파괴되어 아이템을 떨굽니다.

사용 예	의미
`/setblock ~ ~ ~ minecraft:stone destroy`	현재 위치에 있는 블록을 돌로 바꿉니다. 이미 블록이 있다면 파괴하여 아이템을 떨구게 합니다.

블록이 이미 있으면 없애지도 부수지도 않고 그냥 명령어가 작동하지 않도록 하고 싶을 때도 있을 거예요. 그럴 때는 keep을 맨 뒤에 붙입니다.

/setblock <위치> <블록> keep
: **위치**에 있는 블록을 **블록**으로 설정합니다. 그 위치에 이미 블록이 있다면(공기가 아니라 면) 실패하여 아무 일도 일어나지 않습니다.

사용 예	의미
/setblock ~ ~ ~ minecraft:stone keep	현재 위치에 블록이 없다면 돌을 놓습니다.

짠~ setblock 명령어를 이용하면
이렇게 블록을 바로 생성할 수 있어!

setblock 같은 명령어로 블록을 설정할 때 블록 ID만으로는 세부적인 설정이 불가한 경우가 있습니다. 예를 들어 /setblock ~ ~ ~ minecraft:stone_stairs라는 명령어를 실행하면 돌 계단이 무조건 북쪽으로 올라가는 방향으로만 설치됩니다.

그렇지만 손으로 계단을 설치할 때에는 동서남북 어느 방향으로도 설치할 수 있을 뿐만 아니라 상하 반전되도록 설치하는 것도 가능합니다. 이렇게 다양한 방법으로 블록을 설치하려면 어떻게 해야 할까요?

▶ 블록 상태

블록 상태는 블록을 더 세부적으로 지정해 주는 설정입니다. 블록마다 어떤 블록 상태를 설정할 수 있는지가 다릅니다.

예를 들어, 돌 계단에는 facing이라는 블록 상태로 블록이 바라보는 방향을 지정합니다. 같은 돌 계단이라도 facing=north인지 facing=south인지에 따라 방향이 달라집니다. 그리고 상하 반전 여부를 지정하는 블록 상태 half의 설정에 따라 half=bottom이면 일반적인 계단, half=top이면 상하 반전된 계단입니다. 명령어에서는 블록 ID 뒤에 대괄호를 써 표기합니다.

만약 현재 위치의 서쪽으로 올라가는 방향에서 상하 반전된 돌 계단을 설치하려면 명령어를 다음처럼 작성하면 됩니다.

```
/setblock ~ ~ ~ minecraft:stone_stairs [facing=west,half=top]
```

▶ 블록 상태를 확인하고 수정하는 디버그 막대기

블록에 어떤 블록 상태가 있는지 간편하게 확인할 수 있는 방법이 있습니다. 바로 '디버그 막대기'를 활용하는 것입니다. /give @s minecraft:debug_stick이라는 명령어를 입력하면 이 특별한 아이템을 얻을 수 있습니다.

이 상태에서 블록 상태가 있는 블록을 좌클릭하면, 좌클릭할 때마다 다른 블록 상태를 선택해 줍니다.

예를 들어 돌 계단에 사용하면 첫 번째는 facing, 두 번째는 half, 세 번째는 shape, 네 번째는 waterlogged, 다섯 번째는 다시 facing을 선택합니다. 그러면서 각 블록 상태가 어떤 값으로 설정되어 있는지도 확인할 수 있습니다.

그리고 디버그 막대기로 블록을 우클릭하면 선택한 블록 상태의 값을 바꿔 줍니다. 예를 들어 facing을 선택한 상태에서는 우클릭할 때마다 블록의 방향이 돌아가는 것을 볼 수 있습니다.

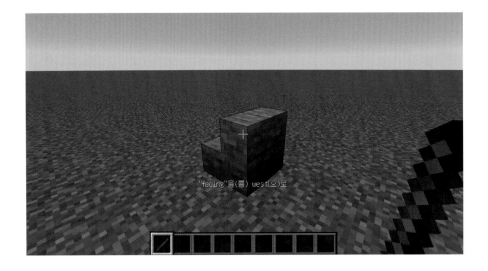

이렇게 블록에 디버그 막대기를 사용해 보면 필요한 블록 상태를 발견할 수 있습니다. 레드스톤 조명을 켜진 상태로 놓기(minecraft:redstone_lamp[lit=true]), 밀 작물을 다 자란 상태로 놓기(minecraft:wheat[age=7]) 등 다양한 것들을 시도해 보세요!

▶ 블록 개체

지금까지 배운 블록 상태는 한 블록에 세부적으로 여러 종류가 있을 때 이용할 수 있는 방법이었습니다. 그런데 단순히 여러 종류가 있는 것이 아니라 더 복잡한 정보를 담아야 하는 블록들도 있습니다. 예를 들어, 상자에 들어 있는 아이템 목록은 경우의 수가 몇 가지부터 몇십, 몇백 가지가 넘기 때문에 블록 상태에 담기에는 너무 복잡합니다. 표지판에 쓰이는 문구도 거의 무한한 경우의 수가 있습니다.

이런 블록들은 **블록 개체**를 가지게 됩니다. (그런 블록들 자체를 블록 개체라고 말하기도 합니다.) 블록 개체가 있는 블록들은 마치 좀비, 스켈레톤 같은 개체처럼 독자적인 데이터와 행동을 가질 수 있습니다.

다음은 다양한 블록 개체의 예입니다.

블록 개체 예시

블록 개체	해당 블록 개체가 필요한 이유
상자	아이템 저장
화로	아이템 저장
표지판	문구 저장
커맨드 블록	명령어 저장

엔드 관문	이동 지점 저장
신호기	켜져 있는 효과 등 정보 저장
햇빛 감지기	시간에 따라 햇빛을 감지하는 동작을 위함
종	종이 흔들리는 움직임을 보여 주기 위함

그러나 블록 개체는 개체가 아닙니다. 그저 특수 처리를 해야 하는 블록들을 이르는 말일 뿐이죠. 떨어지는 블록이나 점화된 TNT처럼 개체로 변한 블록과도 관련이 없고, 그림이나 아이템 액자처럼 마치 블록처럼 보이는 개체들과도 관련이 없다는 점을 주의해 주세요!

우선 마녀의 집을 만들어 보겠습니다. 마인크래프트의 마녀는 기본적으로 작은 집에서 검소하게 살면서 물약 실험을 하는 모양이지만, 그래도 늪지대에 나오는 그 오두막보다는 튼튼한 집이 있으면 좋을 거예요.

마녀의 집

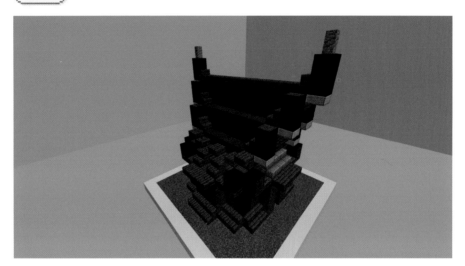

최대한 예쁘게
건물을 만들어 봐~ 나처럼!

▶ 제작 순서

가로 세로 15×15의 공간을 확보하고 다음 순서에 따라 지어 주세요!

01 가문비나무 판자와 원목으로 원형에 가깝게 세 블록 높이의 벽을 세웁니다. 거기에 입구로 쓸 구멍을 뚫고, 안에 나무 원목으로 기둥을 세워 주세요.

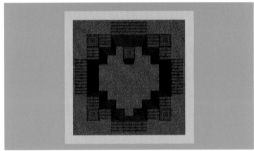

02 벽을 한 칸 더 쌓아 올려서 지붕을 막아 줍니다. (다락방의 바닥이 될 부분입니다.)

※ 기둥과 그 주변은 그대로 두세요.

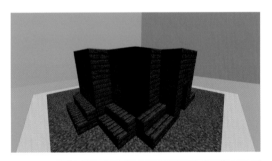

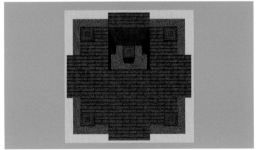

03 윗부분을 그림처럼 꾸며 줍니다.

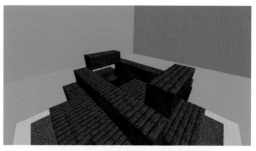

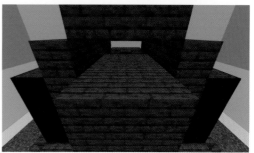

04 파란색 테라코타를 이용해서 뾰족한 지붕을 만들어 줍니다.

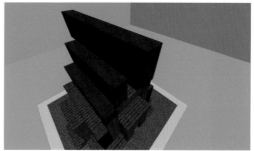

05 석재 벽돌 계단과 가문비나무 계단, 가문비나무 목재로 지붕의 앞뒷면을 채워 줍니다.

06 매끄러운 돌 반 블록으로 장식해 줍니다.

07 매끄러운 돌 반 블록 위에 가문비나무 원목을 두 블록씩 쌓습니다.

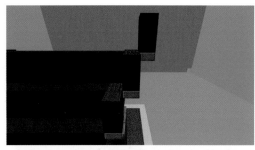

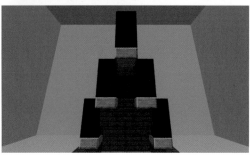

08 가문비나무 계단과 안산암 담장으로 장식합니다.

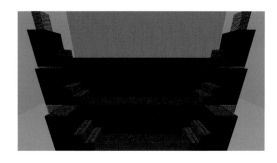

09 지붕의 옆면을 그림과 같이 한 칸 더 올려 줍니다.

10 가문비나무 계단과 반 블록을 이용해 더 장식합니다.

11 입구에 문을 달고, 원하는 대로 장식해 완성합니다.

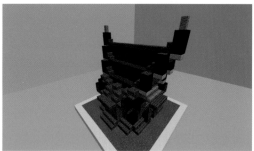

12 (선택 사항) 내부도 꾸며 줍니다.

※ 내부는 명령어 작업에 걸림돌이 되지 않도록 일단은 조명 같은 것들만 배치해 주세요.

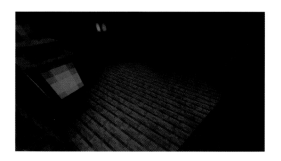

만들어 보기 - 나타나고 사라지는 계단

마녀의 다락방에는 다양한 물약이 보관되어 있습니다. 수시로 집을 비워야 하는 마녀는 그 사이에 귀한 물약을 누가 훔쳐갈까 걱정이 많을 거예요.

그런 마녀를 위해 다락방으로 통하는 계단을 숨겨 놓기로 했습니다. 비밀 장치를 작동시키면 계단이 나타나 다락방으로 갈 수 있는 것이죠. 장치를 켜면 계단이 나타나고 끄면 계단이 없어지는 시스템을 만들어 보겠습니다.

커맨드 블록에 setblock 명령어를 등록해서 블록을 나타나게 하고 사라지게 할 수 있습니다. 여기에 레드스톤 중계기를 이용해 시간차를 주어 계단이 순차적으로 나타나고 사라지게 해 볼 것입니다.

원래 상태(계단이 없음)

레버를 당긴 상태(계단이 생김)

계단을 작동시키는 장치로 버튼, 레버, 압력판 등 여러 가지를 사용할 수 있습니다. 여기서는 레버를 사용하겠습니다.

01 1층의 나무 기둥 뒤에 레버를 설치합니다. 방향은 상관 없습니다.

02 장치를 만들기 위해 바닥을 뚫어 가로 3칸, 세로 7칸, 높이 3칸의 빈 공간을 만듭니다. 그리고 레버 바로 밑에는 레드스톤 신호를 받기 위한 공간이 필요하니 여기도 파내 줍니다.

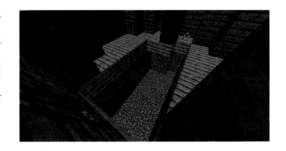

03 레버가 놓인 블록 바로 아래에 레드스톤 가루를 놓고, 그림처럼 레드스톤 중계기와 이어 줍니다.
중계기 중 하나는 신호를 직접 받고, 나머지 하나는 레드스톤 횃불(NOT 게이트)을 통해 뒤집힌 신호를 받습니다.

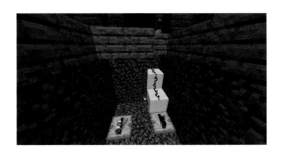

※ 레드스톤 횃불을 통해 이어진 쪽은 '계단을 생성하는' 명령어, 직접 이어진 쪽은 '계단을 없애는' 명령어를 적을 거예요.

04 커맨드 블록을 3개씩 총 6개 설치하고, 각 커맨드 블록 사이에 시간차를 주기 위해 레드스톤 중계기를 설치해 줍니다. 지연 설정은 가장 짧은 0.1초만 설정해도 괜찮습니다.

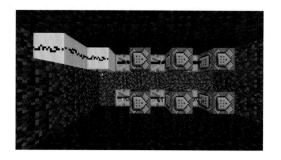

▶ 명령어 적기

먼저, 바로 앞에서 살펴본 제작 순서 4번 그림 기준으로 위쪽에 있는 커맨드 블록 3개에 각각 명령어를 채워 줄 것입니다.

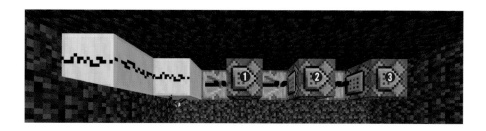

다음과 같이 A, B, C 위치에 블록을 생성해서 계단을 만들려고 합니다. setblock 명령어를 사용하려면 각 위치의 좌표가 필요하니 좌표를 알아내서 어딘가에 적어 두세요.

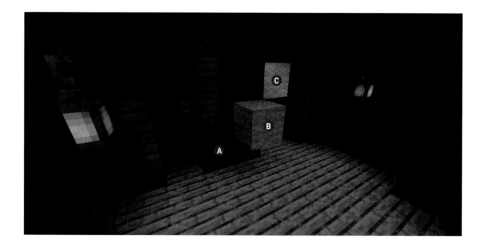

Tip

블록 좌표 알아내기

바라보고 있는 블록의 좌표를 알아내는 간단한 방법이 있습니다. F3를 눌러 디버그 화면을 열고 나서 원하는 블록을 바라보면, 오른쪽의 **Targeted Block**이라는 부분에 좌표가 표시됩니다.

예를 들어 왼쪽 그림에서 빨간색 양털의 좌표는 -74 60 245입니다.

커맨드 블록 ①~③에 채워 넣을 명령어의 구조는 다음과 같습니다.

- 커맨드 블록 ①: setblock <A 좌표> <블록>
- 커맨드 블록 ②: setblock <B 좌표> <블록>
- 커맨드 블록 ②: setblock <C 좌표> <블록>

계단에는 '매끄러운 돌 반 블록'을 사용하겠습니다. 매끄러운 돌 반 블록의 블록 ID는 minecraft:smooth_stone_slab입니다.

그런데 반 블록은 블록 상태가 여러 가지 있습니다. 다음 그림에서 보이는 것처럼 '아래쪽', '위쪽', '위아래 둘 다' 이렇게 세 가지로 나뉩니다.

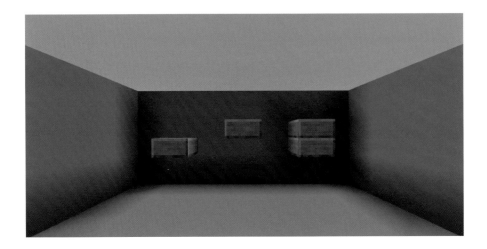

이런 세 가지 블록 상태를 명령어에서는 어떻게 쓸까요? 명령어에서 블록 상태는 해당 블록의 ID인 minecraft:smooth_stone_slab 뒤에 붙여서 적으면 됩니다. 아래쪽은 [type=bottom], 위쪽은 [type=top], 위아래 둘 다는 [type=double]이죠. 전부 작성하면 아래와 같은 구문이 만들어집니다.

1. 아래쪽에 있는 매끄러운 돌 반 블록: minecraft:smooth_stone_slab[type=bottom]
2. 위쪽에 있는 매끄러운 돌 반 블록: minecraft:smooth_stone_slab[type=top]
3. 위아래 둘 다 있는 매끄러운 돌 반 블록: minecraft:smooth_stone_slab[type=double]

여기서는 반 블록이 위쪽에만 놓인 minecraft:smooth_stone_slab[type=top]을 사용하겠습니다. 그럼 ①부터 ③까지 각각의 커맨드 블록에 들어갈 명령어는 다음과 같습니다.

• 커맨드 블록 ①: setblock <A 좌표> minecraft:smooth_stone_slab[type=top]
• 커맨드 블록 ②: setblock <B 좌표> minecraft:smooth_stone_slab[type=top]
• 커맨드 블록 ③: setblock <C 좌표> minecraft:smooth_stone_slab[type=top]

명령어를 커맨드 블록 3개에 순서대로 입력해 줍니다.

예를 들어 A의 좌표가 -74 60 245일 때 커맨드 블록 ①에 들어갈 명령어는 setblock -74 60 245 minecraft:smooth_stone_slab[type=top]이 됩니다.

이제 계단을 없애는 명령어를 만들 차례입니다. 어렵지 않습니다. 앞에서 작성했던 명령어의 <블록> 부분을 공기(minecraft:air)로, 즉 블록이 없는 상태로 교체해 주기만 하면 됩니다.

이번에는 제작 순서 4번 그림 기준으로 아래쪽에 있는 커맨드 블록 3개에 계단을 없애는 명령어를 채워 줄 것입니다.

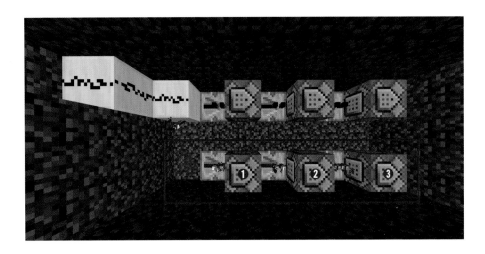

아래쪽 커맨드 블록 3개에 다음 명령어를 입력하고 바닥을 메워서 커맨드 블록이 안 보이게 숨겨 주세요.

- 커맨드 블록 ①: setblock <C 좌표> minecraft:air
- 커맨드 블록 ②: setblock <B 좌표> minecraft:air
- 커맨드 블록 ③: setblock <A 좌표> minecraft:air

아까 계단이 나타날 때는 A, B, C 순서로 나타나게 했지만 사라질 때는 C, B, A 순서로 사라지게 했습니다. (저는 이렇게 반대로 사라지는 게 더 멋지다고 생각했는데, 여러분의 생각은 어떤가요?)

레버를 반복해서 우클릭했을 때 계단이 나타나고 사라지는지 확인해 주세요.

CHAPTER

8

무인 상점

이전 챕터에서는 세계를 이루는 블록을 설정하는 방법을 배웠습니다. 이번에는 블록보다 아이템에 초점을 맞추어, 플레이어에게 아이템을 주거나 뺏는 방법을 알아보겠습니다. 또한 명령어 실행과 관련된 다양한 설정을 조정할 수 있는 execute 명령어에 대해 배울 것입니다.

그렇게 학습한 내용들을 이용해 만들어 볼 것은 '상점 시스템'입니다. 다양한 게임에서 상점이라는 시스템을 이용해 플레이어가 아이템을 지불하고 그에 따라 다른 아이템을 지급받게 합니다. 게임 내 경제를 구성하는 중요한 요소인 상점! 플레이어에게 너무 유리한 거래도, 불리한 거래도 없도록 잘 생각해야겠죠?

플레이어들이 원할 때마다 와서 아이템을 교환해 갈 수 있도록, 명령어로 작동하는 무인 상점을 만들어 보세요!

 ## 배워 보기 – execute

좀비의 입장에서 명령어를 실행할 수 있을까요? 주변 플레이어의 위치를 감지해 그 위치에 블록을 놓는 것은요? 주변에 플레이어가 있을 때만 실행되는 명령어는 가능할까요?

이러한 질문들처럼 명령어 실행과 관련된 다양한 설정을 조정하는 데 쓰는 명령어가 바로 execute입니다. execute는 마인크래프트의 수많은 명령어들 중 가장 중요한 명령어라 할 수 있습니다. 다른 명령어들은 자신이 맡은 역할에 집중하는 반면, execute는 다른 명령어에 붙어서 여러 가지 설정을 통일된 방식으로 제공합니다. 그렇기에 안 쓰이는 곳이 거의 없으며, 명령어 시스템의 근본 구조와도 크게 관련되어 있습니다.

예를 들어 '거리가 5 이내'인 '모든 개체'의 입장에서 'say 안녕!'이라는 명령어를 실행하게 하는 명령어는 다음과 같이 작성합니다.

```
/execute as @e[distance=..5] run say 안녕!
```

엔터 키를 눌러 해당 명령어를 실행하면 플레이어를 포함하여 각 개체가 한 번씩 "안녕!"이라고 말하는 것을 볼 수 있습니다.

여기서 execute 뒤에는 as @e[distance=..5]와 run say 안녕!이라는 두 가지 구절이 쓰였습니다. as @e[distance=..5]는 "거리가 5 이내인 모든 개체의 입장에서"라는 뜻이고, run say 안녕!은 "'say 안녕!'이라는 명령어를 실행"하라는 뜻입니다.

execute를 쓸 때는 이렇게 설정을 지정하는 구절을 먼저 쓴 다음 실행할 명령어를 지정하는 구절을 쓰면 됩니다. 설정을 지정하는 구절은 여러 개를 써도 되고 하나도 안 써도 괜찮습니다.

▶ 명령어에서 지정할 수 있는 설정

명령어에서 지정할 수 있는 설정은 크게 세 가지로 나뉩니다. 맥락 설정, 조건 설정, 저장 설정입니다. 이 중에서 맥락 설정과 조건 설정 몇 가지를 배워 보겠습니다.

맥락 설정은 명령어의 실행 주체, 위치, 시점, 차원 등을 설정합니다.

as <개체>
: 실행 주체를 그 **개체**로 설정합니다. 위치 관련 정보는 바뀌지 않습니다.

at <개체>
: 실행 위치를 그 **개체**의 위치, 방향, 차원으로 설정합니다.

positioned <위치>
: 실행 위치를 그 **위치**로 설정합니다. 방향, 차원은 바뀌지 않습니다.

positioned as <개체>
: 실행 위치를 그 **개체**의 위치로 설정합니다. 방향, 차원은 바뀌지 않습니다.

➕ **알아두기** 개체를 지정하는 경우, 선택자를 사용해 여러 개체를 선택하면 선택된 개체마다 명령어가 실행된다는 사실을 유의하세요!

조건 설정은 if 또는 unless로 시작합니다. 둘은 서로 반대 의미를 가져서, if는 "~일 때"로, unless는 "~가 아닐 때"로 각각 해석합니다.

if block <위치> <블록>
: 해당 **위치**에 있는 블록이 그 **블록**이 맞을 때.

if entity <개체>
: 선택된 **개체**가 존재할 때. 선택자로 여러 개체를 선택해도 명령어는 한 번만 실행됩니다.

여기에서는 if만 다루고 있지만, 모든 조건에서 if 대신 unless를 써서 의미를 반대로 바꿀 수 있습니다.

이렇게 활용 범위가 넓은 명령어를 사용해 많은 시스템을 만들 수 있습니다.

if는 느낌표가 나왔을 때 명령어를 실행하는 원리야!
블럭이 있니? "응, 블럭이 있어!" 이렇게 긍정적인
답변이 나오면 명령어를 실행하는 거지~

플레이어에게 아이템을 주는 데에는 give 명령어를 사용하고, 빼앗는 데에는 clear 명령어를 사용합니다.

▶ give로 아이템 주기

아이템을 지급하는 방법은 간단합니다. give 명령어와 지급 대상 플레이어의 이름, 그리고 지급할 아이템의 ID를 차례대로 작성하면 됩니다.

/give <대상> <아이템>
: **대상** 플레이어에게 **아이템**을 1개 지급합니다.

사용 예	의미
/give @s minecraft:command_block	자신에게 커맨드 블록을 지급합니다.

몇 개를 지급할 것인지 정하고 싶다면 ID 뒤에 개수를 숫자로 추가해 주면 됩니다.

/give <대상> <아이템> <개수>
: **대상** 플레이어에게 **아이템**을 **개수**만큼 지급합니다.

사용 예	의미
/give @a minecraft:diamond 64	모든 플레이어에게 다이아몬드를 64개씩 지급합니다.

▶ clear로 아이템 뺏기

아이템을 지급해 보았으니 이번엔 없애 보겠습니다! clear 명령어를 사용하면 다른 사람이 가지고 있는 아이템도 없애 버릴 수 있어요.

/clear [<대상>] [<아이템>] [<최대 개수>]
: **대상** 플레이어에게서 **아이템**을 **최대 개수**까지 없앱니다.
: **대상**을 지정하지 않으면 자기 자신을 지정합니다.
: **아이템**을 지정하지 않으면 모든 아이템을 지정합니다.
: **최대 개수**를 지정하지 않으면 없앨 수 있는 만큼 모두 없앱니다.

사용 예	의미
/clear	자기 자신의 모든 아이템을 없앱니다.
/clear minecraft:spectral_arrow 10	자기 자신에게서 분광 화살을 10개까지 없앱니다.
/clear @p	가장 가까이 있는 플레이어의 모든 아이템을 없앱니다.
/clear @p minecraft:stick	가장 가까이 있는 플레이어에게서 막대기를 모두 없앱니다.
/clear @r minecraft:gunpowder 3	무작위로 플레이어를 골라, 그 플레이어가 가지고 있는 화약을 3개까지 없앱니다.

줬다가 뺏으면 화나지…
나는 꽁꽁 숨겨 둘 거야.

마인크래프트 세계를 이루는 요소의 대부분은 NBT(Named Binary Tag)라고 하는 형식으로 저장됩니다. 그래서 명령어를 이용하여 NBT에 담겨 있는 여러 속성값을 직접 읽거나 지정하는 일이 필요할 때가 있습니다.

예를 들어 give 명령어로 다이아몬드 검을 지급할 때 다이아몬드 검의 내구도를 바꾸고 싶다면 /give @s minecraft:diamond_sword{Damage:1561}이라는 명령어로 NBT의 Damage 정보를 지정하면 됩니다. 이 명령어에서 minecraft:diamond_sword 뒤에 있는 중괄호가 NBT를 의미합니다. 해당 명령어를 실행하면 1561만큼 내구도가 닳은 상태, 즉 내구도 0인 상태로 지급됩니다.

```
다이아몬드 검

주로 사용하는 손에 있을 때:
 7 공격 피해
 1.6 공격 속도
내구도: 0 / 1561
minecraft:diamond_sword
```

한 가지 더 예를 들어 보자면, 다음은 사과 3개가 들어 있는 상자 블록을 놓는 명령어입니다.

/setblock ~ ~ ~ minecraft:chest{Items:[{id:'minecraft:apple',Count:3,Slot:13}]}

중괄호 안의 내용은 개수(Count)가 3인 사과(minecraft:apple) 아이템을 13번 슬롯(Slot)에 두라는 뜻입니다. 아래 그림에서 가장 왼쪽 위 슬롯은 0번 슬롯이며, 13번 슬롯에 사과 3개가 위치합니다.

```
상자
```

NBT를 공부한다는 것은 마인크래프트가 세계를 저장하는 형식을 하나하나 공부하는 것 과 같습니다. 상자와 벌집, 좀비와 엔더 드래곤, 다이아몬드 검과 지도는 모두 들어 있는 정보가 천차만별이겠죠?

우선 주목해야 하는 NBT는 아래 세 가지입니다.

1. **블록 개체**: 상자, 화로, 벌집 같은 특수 취급 받는 블록이 가지는 NBT입니다. 일반적인 블록은 독 자적인 NBT를 가지지 않는데, 블록 개체는 특별히 NBT를 가지고 있습니다. 아이템이나 글씨 등 NBT로 저장할 정보가 있어서 블록 개체로 지정되는 경우가 많습니다.

2. **개체**: 개체는 모두 NBT로 저장됩니다. 개체의 위치, 속도, 생명력, 보관함 등 개체의 모든 정보가 담겨 있습니다.

3. **아이템**: 아이템은 모두 NBT로 저장됩니다. 앞에서 수정한 **Damage**처럼 아이템을 마음대로 수정 할 수 있습니다. 온갖 마법을 부여하여 마검을 만들기도 합니다.

이 책에서는 NBT 형식에 대한 자세한 내용은 다루지 않습니다. 지금 우리는 '저장 정보 의 수정'이라는 원리를 이해하고 예제를 바탕으로 기초적인 응용을 할 수 있으면 그것으로 충분합니다. NBT에 대해 더 자세히 알고 싶다면 각 블록 개체, 개체, 아이템이 어떻게 저 장되는지 온라인에서 설명을 찾아보세요!

NBT를 알고 나면 마인크래프트가 더 재밌어져!

만들어 보기 - 썩은 살점 1개를 스테이크 1개로

이번에는 플레이어의 보관함에 들어 있는 아이템을 조작하는 법을 연습하기 위해, 썩은 살점을 스테이크로 교환해 주는 인심이 후한 상점을 만들어 보려고 합니다.

그렇다면 '플레이어가 가진 썩은 살점을 인식하고, 스테이크를 지급하며, 썩은 살점은 없애 버리는 기능'이 필요하겠죠?

썩은 살점 4개를 가진 상태

버튼 누름(썩은 살점 1개가 스테이크로 교환됨)

스테이크

먼저 상점 건물을 만들어 주세요. 모양은 원하는 대로 지으면 됩니다. 단, 바닥 속에 커맨드 블록을 놓을 수 있도록 바닥 바로 위에 블록과 버튼을 놓아 주세요.

버튼 중 하나를 골라서 누르면 작동하도록 커맨드 블록을 배치합니다. ①은 반응형 커맨드 블록이고, ②는 '조건적'으로 설정된 연쇄형 커맨드 블록입니다.

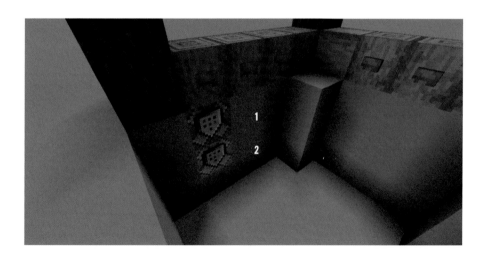

⊕ **알아두기** 여기서 반응형의 화살표 방향이 연쇄형을 향하게 해야 하고, 연쇄형을 '조건적'으로 설정해야 함을 유의하세요.

작동 원리를 간단히 설명하자면, 먼저 썩은 살점(minecraft:rotten_flesh)을 가지고 있는 플레이어 1명에게 스테이크(minecraft:cooked_beef)를 하나 주고 나서 그 플레이어에게서 썩은 살점을 빼앗는 것입니다. 썩은 살점을 기준으로 플레이어를 인식할 것이기 때문에 마지막에 썩은 살점을 뺏는 것이 편리합니다.

만약 썩은 살점을 먼저 뺏어 버리고 스테이크를 지급하려 한다면 명령어는 누구에게 스테이크를 지급해야 하는지 인식을 하지 못하게 됩니다. 썩은 살점을 가지고 있는지에 대한 유무로 손님을 인식할 것이기 때문이죠.

▸ give 명령어로 고기 주기

커맨드 블록 ①에 입력할 명령어의 형태는 execute as <개체> run give @s minecraft: cooked_beef입니다.

run give @s minecraft:cooked_beef는 자신에게 스테이크를 지급한다는 의미입니다. 그런데 그 앞에 as <개체>가 들어가면 자신의 의미가 바뀌겠죠? execute 명령어에서 as <개체>는 실행 주체를 바꾸는 구절임을 기억하세요. 선택된 개체가 없는 경우 명령어는 실행되지 않고, 개체를 여러 개 선택한 경우 개체 각각에 대해 명령어가 실행됩니다.

여기서 <개체>에는 '썩은 살점 1개를 가지고 있는 플레이어 1명까지 선택'이 들어가야 합니다. 챕터 6에서 배운 선택자를 사용해 보겠습니다. 예를 들어 @a를 쓰면 어떨까요? 이 경우 썩은 살점 1개를 가지고 있든 없든 무조건 '모든 플레이어'에게 스테이크가 1개 지급되니 우리가 원하는 동작은 아니죠. 조건을 만족하는 플레이어를 1명까지 고르는 선택자로는 @p 가 적합합니다.

그리고 @p 뒤에 조건을 붙여야 합니다. 그런데 보관함에 아이템을 가지고 있는지 확인하는 간단한 조건은 없습니다. 할 수 없이, NBT를 직접 확인하는 nbt={Inventory:[{id:"minecraft:rotten_flesh"}]}라는 조건을 씁니다. 그리고 distance=..5를 통해 인식 범위를 5블록으로 지정해 줍니다.

따라서 최종적으로 커맨드 블록 ①에 들어갈 명령어를 정리하면 다음과 같습니다.

execute as @p[nbt={Inventory:[{id:"minecraft:rotten_flesh"}]},distance=..5] run give @s minecraft:cooked_beef

▸ clear 명령어로 고기 뺏기

조건에 맞는 플레이어가 있어 아이템을 지급했다면, 그다음으로는 썩은 살점을 없애 주어야 하겠죠? 첫 번째 커맨드 블록의 명령어가 성공했을 경우(작동한 경우) 다음 연쇄형 조건적 커맨드 블록이 실행됩니다.

clear 명령어의 기본 구조는 give 명령어 단락과 동일하게 적용되며, clear 명령어는 말 그대로 '치운다, 비운다'라는 의미로 인벤토리에서 특정 아이템을 삭제하는 기능을 가지고 있습니다. clear 명령어를 이용하여 썩은 살점을 가지고 있는 플레이어에게서 썩은 살점을 사라지게 만들기 위해 커맨드 블록 ②에 다음과 같은 명령어를 설정합니다.

```
clear @p[nbt={Inventory:[{id:"minecraft:rotten_flesh"}]},distance=..5]
minecraft:rotten_flesh 1
```

그런 다음 버튼을 눌러 제대로 작동하는지 확인합니다. 보관함에 썩은 살점이 있을 때는 교환이 일어나고 없을 때는 아무 일도 일어나지 않아야 합니다.

그런데 혹시 여기서 뭔가 다른 점이 있다는 걸 알아챘나요? 앞에서 본 것과 다르게 execute 없이 바로 clear 명령어로 시작하고 있습니다. 하지만 이렇게 해도 문제가 없이 작동하죠. 사실 커맨드 블록 ①의 명령어도 execute 없이 작성할 수 있습니다. execute 없이 커맨드 블록 ①을 작성하고 동일하게 작동하는지 확인해 봐도 좋습니다.

▶ 더 만들어 보기 - 썩은 살점 32개를 스테이크 3개로

쓸모가 별로 없는 썩은 살점과 맛있는 스테이크를 1대1로 교환하는 상점은 유용하지만, 아무래도 후해도 너무 후하다는 느낌이 듭니다. 좀비를 죽여서 썩은 살점을 가져온 플레이어들에게 식사를 제공하면서도 적당한 밸런스를 유지하려면 1대1이 아닌 다른 교환비를 설정해 주어야 하겠죠.

썩은 살점 32개를 스테이크 3개로 교환하는 정도면 적당할까요? 이런 상점을 만드는 데 가장 어려운 것은 '썩은 살점 32개를 든 사람을 인식'하는 부분일 것입니다.

앞에서는 {id:"minecraft:rotten_flesh"}만 지정해 아이템의 종류만 인식했습니다. 하지만 〈배워 보기 - NBT〉에서 살펴봤듯이 아이템의 개수나 슬롯 위치 등도 NBT에 저장되어 있으므로 인식할 수 있을 것입니다. 이번에는 {id:"minecraft:rotten_flesh",Count:32}를 써서 썩은 살점이 32개 든 슬롯을 인식해 보세요.

give와 clear 명령어에서 개수와 관련된 부분을 잘 수정해 주면 원하는 교환비의 상점을 만들 수 있어요!

마인크래프트
미니게임 만들기

일리저들의 비밀 기지

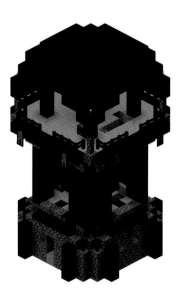

혹시, 야생을 하면서 이런 기지를 본 적이 있나요?

이 기지는 일리저의 일종인 약탈자들이 살고 있는 전초 기지입니다. 우리는 여기서 약탈자들을 사냥하고 그들의 재산을 빼앗아 떠납니다.

약탈자들은 그렇게 강력하지 않습니다. 특별히 강한 장비를 쓰지도 않고 맷집도 평범하죠. 약탈자들은 주민 마을을 습격하기도 하지만 플레이어가 난입하는 바람에 실패로 돌아가는 일이 많습니다.

이런 불쌍한 약탈자들을 위해 플레이어의 침공을 막을 수 있는 기지를 만들어 주겠습니다. 쉽게 전리품을 얻을 수 없고, 각종 함정이 판치는 그런 기지를 말이죠.

🎲 배워 보기 – fill

setblock은 특정 위치의 블록 하나를 원하는 대로 설정할 수 있는 명령어였습니다. 그 자체로 굉장히 유용한 명령어이기는 하지만 많은 수의 블록을 변경하는 데 쓰려면 매우 번거롭습니다. 한번에 넓은 영역을 채워 주는 명령어가 있다면 더 편리하겠죠?

fill 명령어는 직육면체 영역을 지정해 그 영역을 지정한 블록으로 바꿉니다.

> /fill ⟨한 꼭짓점⟩ ⟨반대 꼭짓점⟩ ⟨블록⟩
> : **한 꼭짓점**부터 **반대 꼭짓점**까지의 직육면체 영역을 **블록**으로 일괄적으로 바꿉니다. 원래 있던 블록은 사라집니다.

사용 예	의미
/fill 20 10 15 25 18 14 minecraft:red_wool	x 좌표가 20~25, y 좌표가 10~18, z 좌표가 14~15 인 직육면체 지역을 빨간 양털로 바꿉니다.

꼭짓점 좌표가 두 개니까 숫자는 총 6개가 필요한 것을 볼 수 있습니다.

destroy와 keep은 setblock에서 사용했던 것과 동일한 의미를 갖습니다. destroy를 쓰면 영역 속에 이미 있던 블록들은 부서지면서 아이템을 떨구고, keep을 쓰면 영역 속에 이미 있던 블록들은 바뀌지 않습니다.

/fill <한 꼭짓점> <반대 꼭짓점> <블록> destroy
: **한 꼭짓점**부터 **반대 꼭짓점**까지의 직육면체 영역을 **블록**으로 일괄적으로 바꿉니다. 원래 있던 블록은 플레이어가 부순 것처럼 파괴되어 아이템을 떨굽니다.

/fill <한 꼭짓점> <반대 꼭짓점> <블록> keep
: **한 꼭짓점**부터 **반대 꼭짓점**까지의 직육면체 영역에서 비어 있는 공간을 **블록**으로 일괄적으로 바꿉니다.

그리고 이렇게 단순히 바꾸는 것 외에도 몇 가지 설정을 지원합니다.

한편, 직육면체 모양을 만들되 안쪽은 비워 놓고 싶은 상황이 많을 것입니다. 그럴 때는 hollow나 outline을 이용합니다. 둘 모두 겉면만 해당 블록으로 채운다는 점은 동일하고, 내부를 공기로 일괄적으로 바꾸는지 그대로 놔두는지에 차이가 있습니다.

/fill <한 꼭짓점> <반대 꼭짓점> <블록> hollow
: **한 꼭짓점**부터 **반대 꼭짓점**까지의 직육면체 영역의 겉면을 **블록**으로 일괄적으로 바꾸고, 내부는 공기로 일괄적으로 바꿉니다.

/fill <한 꼭짓점> <반대 꼭짓점> <블록> outline
: **한 꼭짓점**부터 **반대 꼭짓점**까지의 직육면체 영역의 겉면을 **블록**으로 일괄적으로 바꾸고, 내부는 그대로 놔둡니다.

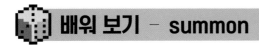
summon은 개체를 생성하는 명령어입니다. 위치와 개체의 종류를 지정하면 그 위치에 해당 개체를 생성합니다.

> /summon <개체>
> : 현재 위치에 **개체**를 생성합니다.

사용 예	의미
/summon minecraft:zombie	현재 위치에 좀비를 생성합니다.
/summon minecraft:armor_stand	현재 위치에 갑옷 거치대를 생성합니다.

또한 좌표를 추가해 주면 다른 위치에도 소환할 수 있습니다.

> /summon <개체> <위치>
> : **위치**에 **개체**를 생성합니다.

사용 예	의미
/summon minecraft:sheep ~ ~3 ~-1	현재 위치로부터 3블록 위, 1블록 북쪽에 양을 생성합니다.
/summon minecraft:arrow 0 100 0	0 100 0 좌표에 화살을 생성합니다.

이와 더불어 앞서 배운 NBT를 활용하면 소환할 개체의 속성값을 더욱더 자세하게 설정할 수 있습니다.

> /summon <개체> <위치> <NBT>
> : **위치**에 **개체**를 생성합니다. 생성되는 개체의 NBT를 **NBT**로 설정합니다.
> (**NBT**로 개체의 생명력, 공격력, 속도, 가진 아이템 등 여러 가지를 지정할 수 있습니다.)

사용 예	의미
/summon minecraft:pig ~ ~ ~ {NoAI:1b}	인공 지능이 없는 돼지를 생성합니다.
/summon minecraft:warden ~ ~ ~ {NoAI:1b, Health:0.1f}	인공 지능이 없는데다가 생명력도 0.1밖에 없는 워든을 생성합니다.

NoAI 태그는 인공 지능을 없애는 태그입니다. 인공 지능이 없는 몹은 스스로 행동하지 않고, 밀리지 않고, 중력의 영향을 받지도 않습니다. 미니게임에서는 스스로 움직이지 않는 몹이 필요한 경우가 많기 때문에 이럴 때 NoAI 태그가 상당히 유용합니다.

참고로 태그가 특정 설정을 켜거나 끄는 목적일 경우, 그 값으로 1b와 0b를 사용할 수 있습니다. 1b는 참, 0b는 거짓을 의미합니다. 쉽게 말해 1b는 '예', 0b는 '아니오'를 뜻한다는 것입니다.

나한테는 NoAI 태그를 사용하면 안 돼! 알겠지…?

만들어 보기 - 비밀 기지

여러 함정을 장치할 수 있는 비밀 기지를 만들어 보겠습니다. 일리저들의 취향에 맞게 어둡고 무서운 분위기를 풍길 수 있도록 외관에도 신경 써 주세요!

> **▶ 제작 순서**

01 석재 벽돌과 짙은 참나무 판자를 이용해 기반을 다져 줍니다.

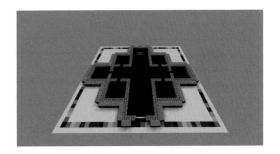

02 층을 쌓아 올립니다. 앞과 뒤를 잘 구분해 주세요. 이 건물은 1층에서 끝나지 않습니다.

※ 철장과 담장이 쓰였으니 잘 확인해 주세요.

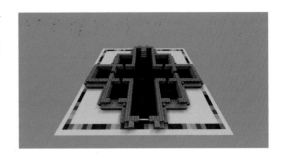

03 계속 올려 줍니다.

04 이제 1층을 마무리합니다. 천장을 짙은 참나무 판자로 덮어 주세요.

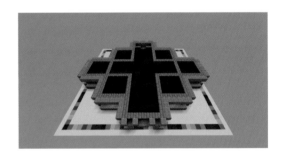

05 1층은 방이 여러 개였지만 2층은 방의 개수를 줄여 보겠습니다.
반 블록을 이용해 외곽 건축도 진행해 줍니다.

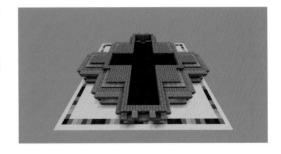

06 층을 쌓아 올립니다.

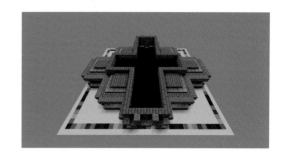

07 쌓으면서 외곽 쪽을 신경 써 주세요.

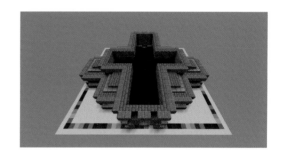

08 천장을 석재 벽돌로 덮어 줍니다. 거의 마무리되어 가고 있습니다.

09 천장을 마무리합니다.

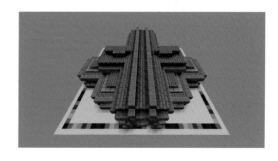

10 이제 일리저들의 취향에 맞게 좀 무서운 느낌을 내 보도록 하죠. 뿔이 뾰족하게 솟도록 끝까지 쌓아 올려 줍니다.

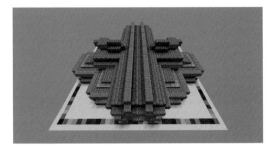

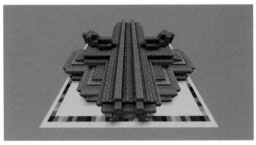

11 일리저들의 비밀 기지 완성!

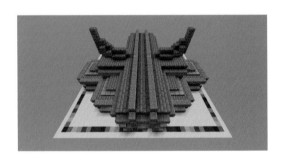

내가 만든 비밀 기지야~
초대해 줄게!

명령어 작업을 진행할 장소가 완성되었으니 본격적으로 명령어로 함정을 만들어 보겠습니다. 가장 먼저 만들 것은 '플레이어가 방에 들어오면 방의 바닥이 꺼지는 시스템'입니다.

　　1층에 방이 총 6개가 있는데, 그중 방 하나를 골라 함정 방으로 만들겠습니다. 1층에 입장하면 오른쪽에 보이는 방을 사용하도록 하겠습니다.

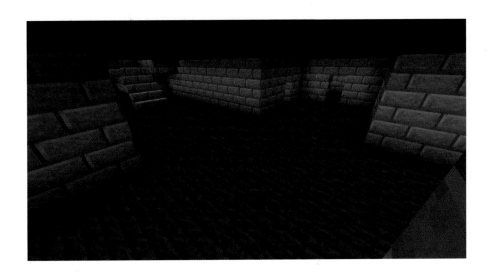

　　아래 그림에서 문으로 보이는 곳을 지나면 방의 바닥이 꺼지고 플레이어는 아래에 있는 용암으로 떨어지도록 할 것입니다.

플레이어가 방에 들어오지 않은 경우

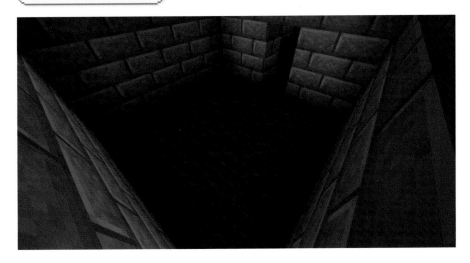

플레이어가 문 위치를 지나는 것을 인식하면 바닥을 없애는 간단한 시스템입니다. 플레이어를 인식할 위치의 좌표를 기억해 주세요. 그리고 바닥의 한 꼭짓점 좌표와 반대편 꼭짓점 좌표를 기억하세요. 두 꼭짓점 좌표를 알면 각 변이 x, y, z축에 평행한 직육면체 영역이 하나로 결정됩니다.

시작하기 전에 미리 용암을 깔아 두는 게 좋겠죠? 다만 나무는 불에 타는 블록이니 나무와 4칸 이상 떨어뜨려서 용암을 설치해 주세요.

다음 그림처럼 반복형 커맨드 블록을 원하는 위치에 두고 '항상 활성화'로 설정하세요. 그리고 반복형 앞에 연쇄형 커맨드 블록을 두어 연달아 실행될 수 있게 해 두세요. 여기서 반복형의 화살표 방향은 연쇄형 커맨드 블록 쪽을 가리켜야 합니다!

그리고 반복형 커맨드 블록에 다음 명령어를 입력하세요. (연쇄형은 나중에 사용할 것이

니 일단 그대로 둡니다.)

/execute if entity @a[x=<인식 지점 x 좌표>,y=<인식 지점 y 좌표>,z=<인식 지점 z 좌표>,dx=0,dy=0,dz=0] run fill <없앨 바닥의 한 꼭짓점 좌표> <없앨 바닥의 반대편 꼭짓점 좌표> minecraft:air

@a 뒤에 있는 구문을 살펴보겠습니다. 챕터 6에서 x, y, z와 dx, dy, dz를 지정하는 선택자에 대해 배웠던 내용을 잘 기억하고 있나요? 예를 들어 x=3,y=4,z=5,dx=10,dy=20,dz=30이라고 지정하면 x 좌표가 3~13, y 좌표가 4~24, z 좌표가 5~35인 직육면체 영역을 지정하는 것이었습니다. 개체가 그 영역에 조금이라도 들어가 있으면 선택됩니다.

그렇다면 인식 지점의 x, y, z 좌표를 쓰고, dx=0,dy=0,dz=0이라고 하면 그 의미는 무엇일까요? 정확히 그 인식 지점만 영역으로 지정한다는 것이겠죠. 그래서 그 인식 지점에 닿아 있는 플레이어를 선택하게 됩니다.

맨 앞의 execute if entity <선택자>는 '선택자에 해당하는 개체가 있으면'이라는 뜻입니다. 따라서 인식 지점에 플레이어가 있어서 선택자에 선택되면 비로소 지정한 명령어가 실행됩니다. fill <한 꼭짓점> <반대편 꼭짓점> minecraft:air라는 명령어는 바닥을 공기(minecraft:air)로 바꿔 줍니다.

▶ 더 만들어 보기 - 함정방 꾸미기

함정 방을 이런 식으로 꾸며 놓으면 욕심 많은 플레이어들이 다가오겠죠?

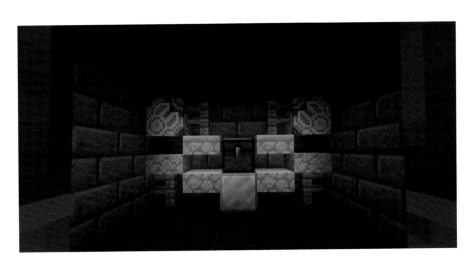

여러분의 창의력을 발휘해 보세요!

바닥이 없어지도록 함정을 설치했지만 앞서 만든 함정은 일회용이라는 단점이 있습니다. 함정이 한 번 발동된 다음에 또 다른 플레이어가 침입한다면 함정을 재사용할 수 없는 것이죠. 그러니 이번에는 플레이어가 없으면 방의 바닥이 다시 생성되는 명령어를 만들어 보겠습니다.

앞서 사용한 fill 명령어에서 조건과 영역, 블록을 잘 바꾸기만 하면 됩니다. 먼저, 조건을 생각하지 않았을 때 방의 바닥이 다시 생성되는 명령어는 /fill <바닥의 한 꼭짓점 좌표> <바닥의 반대편 꼭짓점 좌표> minecraft:spruce_planks처럼 쓰면 되겠죠? 바닥에 다른 블록을 사용한 경우에는 가문비나무 판자(spruce_planks) 대신 해당하는 블록의 ID로 수정해 주세요.

조건은 어떤 것이 좋을까요? '특정 지점에 플레이어가 있으면'을 감지해서 함정을 발동시켰던 것처럼 구체적으로 어떤 기준으로 플레이어가 없는 것을 감지할지 생각해야 합니다. 다양한 방법이 가능하지만 여기서는 간단하게 해 보겠습니다. 바닥의 중앙을 기준으로 플레이어가 충분히 멀리 떨어지면 바닥을 재생성할 거예요.

'있으면'의 반대인 '없으면'을 나타내기 위해서는 if entity 대신 unless entity를 사용합니다. 그리고 선택자에는 기준점과 거리를 나타내는 x,y,z,distance를 사용합니다. 15 블록을 기준으로 잡으면 괜찮을 것 같네요.

아까 설치한 연쇄형 커맨드 블록에 아래 명령어를 입력하세요.

/execute unless entity @a[x=<바닥 중앙 x 좌표>,y=<바닥 중앙 y 좌표>,z=<바닥 중앙 z 좌표>,distance=..15] run fill <바닥의 한 꼭짓점 좌표> <바닥의 반대편 꼭짓점 좌표> minecraft:spruce_planks

방에서 멀리 떨어졌다가 다시 왔을 때 함정이 재생성되는 것을 확인해 보세요! 이렇게 해서 더욱 강화된 방 함정이 완성되었습니다.

만들어 보기 – 매복! 약탈자 등장!

기지를 방어하는 데 함정에만 의존할 수는 없습니다. 이런 태도는 화끈한 전투를 기대하는 플레이어들에게 실례이기도 하죠. 플레이어들이 2층에 도달하면 약탈자들이 직접 나서서 플레이어를 맞이해 보겠습니다.

방에 플레이어가 들어온 것을 감지하여 약탈자들을 마구마구 소환하려고 합니다. 플레이어 인식은 함정 방과 같은 방식으로 하면 될 것이고, 약탈자 소환에는 summon 명령어를 사용하면 됩니다.

2층에 있는 방 중 하나를 고릅니다.

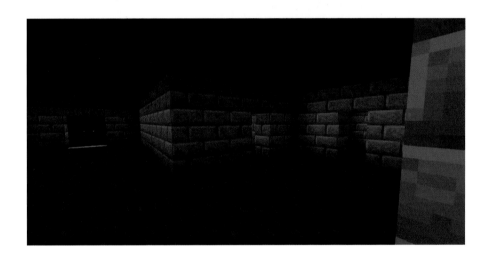

방의 두 꼭짓점 좌표와 약탈자들을 소환할 지점, 이렇게 세 지점의 좌표를 기억해 주세요. 이번에는 방 전체 영역에서 플레이어를 감지하려고 하니 두 꼭짓점 중 한 꼭짓점은 천장에 있어야 합니다.

예를 들어 방의 두 꼭짓점 좌표가 (7, −60, 30), (0, −55, 24)라면 영역을 지정하기 위해 x, y, z 좌표 각각에 대해 둘 중 작은 쪽을 고르고 둘 사이의 차이를 계산해야 합니다. x는 0~7, y는 −60~−55, z는 24~30인 영역이니까 선택자는 @a[x=0,y=-60,z=24,dx=7,dy=5,dz=6]이라 하면 되겠죠? 뒤에서 명령어를 적을 때 〈방 선택자〉라는 부분에는 이렇게 만든 선택자를 넣어 주세요.

이제 커맨드 블록들을 설치해 보겠습니다. 적당한 위치에 다음과 같이 반복형 2개, 반응형 1개, 연쇄형 4개를 설치해 주세요.

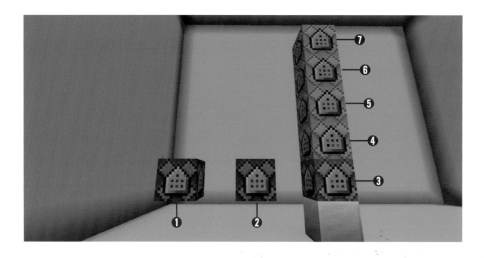

석영 블록은 있어도 없어도 괜찮지만 그 위치를 레드스톤 블록으로 setblock할 것이니 석영 블록의 좌표를 기억해 주세요.

오른쪽에 있는 일련의 커맨드 블록들의 화살표 방향이 제대로 되어 있는지 확인해 주세요. 그리고 반응형 커맨드 블록들은 '항상 활성화'로 설정합니다.

커맨드 블록 ①부터 ⑦까지 각각의 블록에 다음과 같은 명령어를 적습니다. 약탈자를 생성할 좌표는 적당히 각 커맨드 블록마다 다른 좌표를 지정해 약탈자가 여러 곳에서 생성될 수 있도록 해 주세요.

· 커맨드 블록 ①(반복형): `execute if entity <방 선택자> run setblock <석영 좌표> minecraft:redstone_block`
· 커맨드 블록 ②(반복형): `execute unless entity <방 선택자> run setblock <석영 좌표> minecraft:air`
· 커맨드 블록 ③~⑦(반응형, 연쇄형): `summon minecraft:pillager <약탈자를 생성할 좌표>`

커맨드 블록 ①은 방 안에 플레이어가 있으면 레드스톤 블록을 놓아 커맨드 블록 ③~⑦을 작동시킵니다. 커맨드 블록 ②는 반대로 방 안에 플레이어가 없으면 레드스톤 블록을 없앱니다.

커맨드 블록 ③은 반응형으로 설정되어 있기 때문에 레드스톤 신호가 꺼져 있다가 새로 켜질 때에 작동합니다. 플레이어가 방을 나갔다가 다시 들어올 때마다 커맨드 블록 ③~⑦

이 작동하여 약탈자 5명이 생성됩니다.

이렇게 약탈자 매복 방이 완성되었습니다!

Tip

자연스러운 게임 플레이를 위한 의도적인 '영역 불일치' 설정

플레이어가 방을 드나드는 게 즉시 반영되는 것은 재밌지만, 플레이어가 문지방을 밟고 요리조리 움직일 때마다 계속 약탈자가 생성되는 건 게임에서 조금 부자연스러워 보일 수 있습니다.

이런 점을 개선하기 위해 게임에서는 일부러 영역에 조금의 불일치를 두는 경우가 많습니다. 예를 들어 플레이어가 방에 들어온 것을 감지할 때보다 방에서 나간 것을 감지할 때 영역을 좀 더 넓게 지정하는 것입니다. 이렇게 하면 더 넓은 영역에서 나갔다가 좁은 영역으로 돌아와야 하므로 요리조리 움직이는 것만으로는 약탈자가 생성되지 않습니다.

따라서 커맨드 블록 ②에서 지정하는 영역을 넓혀 보는 것도 좋은 생각입니다!

이제 여러 가지 커맨드 블록을
사용하더라도 전혀 어렵지 않아!

마인크래프트
미니게임 만들기

외양간 탈출한 소 잡기

우리는 식량을 확보하기 위해 가축을 잡거나, 아니면 가축을 키우기도 합니다. 가축에게 더 나은 환경을 조성해 주려고 집을 만들기도 하죠. 번식을 위해서요. 하지만 밥을 잘 주지 않거나 못되게 굴면 저 앞에 지나가는 소처럼 외양간을 탈출해 버릴 수도 있습니다. 어서 잡으러 갈까요?

배워 보기 - tellraw

마인크래프트를 하면서 대화란에 색깔이 있거나 굵게 표시된 메시지가 표시되는 것을 본 적이 있나요?

알록달록 메시지

주로 서바이벌 플레이를 즐긴다면 잘 생각나지 않을 수 있지만, 커스텀 맵이나 서버 같은 것을 주로 플레이한다면 다채로운 메시지를 일상적으로 접하고 있을 수도 있습니다. tellraw는 이런 메시지를 보낼 수 있게 해 주는 명령어입니다.

> /tellraw <플레이어> <메시지>
> : 플레이어에게 메시지를 보냅니다. 메시지는 JSON 메시지 형식입니다.

JSON 메시지는 마인크래프트에서 '형식이 있는 메시지를 나타내는 방식'입니다. JSON 메시지에는 정말 다양한 종류가 있는데, 자주 쓰이는 몇 가지를 예시를 통해 알아 보겠습니다.

JSON 메시지를 보내는 명령어 예시	입력 결과
일반적인 메시지는 큰 따옴표로 감싸기만 하면 됩니다. /tellraw @s "보낼 문구"	보낼 문구
원하는 색의 메시지를 보내기 위해서는 text로 메시지 내용을, color로 색을 지정합니다. /tellraw @s {"text":"색을 입힌 문구","color":"aqua"}	색을 입힌 문구
글씨를 굵게 하려면 bold를 true로 지정합니다. /tellraw @s {"text":"굵은 문구","color":"green", "bold":true}	굵은 문구
문구를 직접 지정하지 않고, 설정에 따라 게임이 적절하게 채워 주도록 하는 구문들도 있습니다. 예를 들어, 잠시 후 배울 점수판 기능을 사용할 때는 점수판에 있는 점수를 메시지로 표시하도록 하기도 합니다. /tellraw @s {"score":{"objective":"목표1","name" :"Player1"}}	Player1의 목표1 점수를 메시지로 보내 줍니다.
여러 메시지를 이어 붙일 때는 ["",메시지1,메시지2,메시지3] 같은 양식을 사용합니다. 이를 이용하면 각 부분마다 색이 다른 메시지 등을 만들 수 있습니다. /tellraw @s ["",{"text":"신","color":"red"},{"text":"호", "color":"yellow"},{"text":"등","color":"green"}]	신호등

여러 메시지를 이어 붙이고 싶다면 마지막 예시처럼 ["",메시지1,메시지2,메시지3] 형식을 사용하면 된다고 했습니다. 여기서 메시지1 앞에 큰따옴표 쌍("")을 써 주는 이유는 마인크래프트의 이상한 설계 문제 때문입니다. 마인크래프트에는 첫 번째 메시지의 형식이 뒤에 오는 메시지에 일괄적으로 적용되는 문제가 있습니다. 하지만 첫 번째 메시지로 '형식 없는 빈 메시지'를 나타내는 ""를 적음으로써 이 문제를 피해 갈 수 있어요.

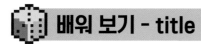

title은 화면에 원하는 메시지를 띄우는 명령어입니다. 이 명령어로 화면에 나타난 메시지는 일정 시간이 지나면 사라집니다.

> /title <플레이어> <위치> <메시지>
> : **플레이어**의 화면의 **위치** 부분에 **메시지**를 표시합니다.

메시지를 띄울 수 있는 위치로는 title(제목), subtitle(부제), actionbar(액션바)가 있습니다.

단, subtitle은 단독으로 표시되지 않고 title과 함께 쓸 때만 표시할 수 있으니 title과 subtitle을 연달아 사용해 주세요. (순서는 상관없습니다.)

메시지에는 **tellraw**에서 썼던 JSON 메시지를 사용합니다. 앞에서 JSON 메시지는 마인크래프트에서 '형식이 있는 메시지를 나타내는 방식'이라고 설명했습니다. 이렇듯 중복해서 사용하는 개념이 많으니 기억이 나지 않는다면 앞에서 배운 내용으로 돌아가 다시 한번 살펴보고 참고해 주세요.

다음 표에는 **title** 구문 예시와 그 결과 화면이 담겨 있습니다.

명령어 예시	입력 결과
/title @a title "제목"	
/title @a title ["",{"text":"제","color":"red"},{"text":"목","color":"green"}]	

한편, 화면에 메시지를 얼마나 오랫동안 띄울 것인지를 우리 마음대로 정하고 싶은 경우가 많습니다. 이럴 때 사용하는 명령어가 /title … times입니다.

> **/title <플레이어> times <페이드인> <유지> <페이드아웃>**
> : **플레이어**에 대해서, title과 subtitle의 **페이드인, 유지, 페이드아웃** 시간을 설정합니다.

페이드인, 유지, 페이드아웃 시간의 기본값은 각각 0.5초, 3.5초, 1초입니다. title과 subtitle은 페이드인 시간에 걸쳐 서서히 나타나서 유지 시간 동안 표시되고, 페이드아웃 시간에 걸쳐 사라집니다.

title과 subtitle 시간 설정 시 시간은 틱(0.05초) 단위로 설정합니다. 끝에 s를 붙이면 초 단위, d를 붙이면 게임 내 하루(20분) 단위로 바꿀 수 있습니다. 예를 들어 3s는 3초이고, 2d는 40분입니다.

명령어 예시	의미
/title @s times 15 10s 1d	자신의 title과 subtitle 시간 설정을 바꿉니다. 15틱(0.75초)에 걸쳐 나타나서 10초 동안 표시되고, 게임 내 하루(20분)에 걸쳐 사라집니다.

시간이 다 되기 전에 메시지를 사라지게 하고 싶다면 **/title … clear**를 사용합니다.

/title <플레이어> clear
: **플레이어**에게 표시되고 있는 title과 subtitle을 지웁니다. actionbar에는 영향이 없습니다.

메시지를 사라지게 하면서 시간 설정을 초기화하고 싶은 경우에는 **/title … clear**을 사용하세요.

/title <플레이어> reset
: **/title … clear**의 기능에 더해, 시간 설정도 초기화합니다.

title을 이용해서 내 이름을
게임 속에 표시해 보자!

playsound는 마인크래프트에 존재하는 모든 소리를 플레이어에게 들려줄 수 있는 명령어입니다. 흙 캐는 소리, 좀비 소리, 천둥 소리 등등 수많은 소리들을 말이죠.

> /playsound <소리> <원인 분류> <플레이어> [<위치>] [<음량>] [<피치>] [<최소 음량>]
> : **플레이어**에게 **소리**를 재생합니다.

소리로는 마인크래프트에 존재하는 모든 소리를 지정할 수 있습니다. 그 종류만 700개가 넘고, 리소스 팩으로 새로운 소리를 추가하는 것도 가능합니다. 각 소리마다 ID가 있고, ID는 상위 분류부터 하위 분류로 내려가는 식으로 체계적으로 구성되어 있습니다. 예를 들어 흙 블록이 부서지는 소리는 `block.dirt.break`, 좀비가 다칠 때 나는 소리는 `entity.zombie.hurt`라고 씁니다. 블록에 관련되어 있으면 `block`으로, 개체에 관련되어 있으면 `entity`으로, 아이템에 관련되어 있으면 `item`으로 시작합니다. 대부분의 소리는 이 세 가지 중 한 분류에 속합니다. 자동 완성이나 검색을 통해 원하는 소리를 찾아보세요.

원인 분류는 이 소리가 어떤 종류의 원인으로 재생되는지 소리 시스템에 알려 주는 인수입니다. ESC를 눌러 게임 메뉴를 열고 [설정] - [음악 및 소리 설정]으로 가면 음량을 조절하는 여러 개의 슬라이더를 볼 수 있습니다.

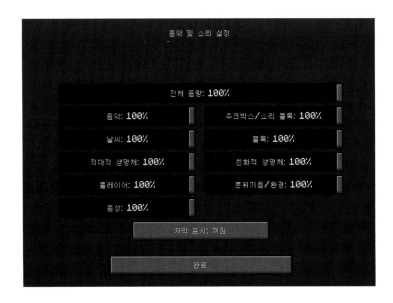

여기서 날씨 음량을 줄이면 '날씨'라는 원인 분류로 재생된 소리는 음량이 줄어들게 됩니다.

명령어로 소리를 재생할 때에도 적절한 원인 분류를 사용하면 플레이어가 음량을 조절할 때 편리합니다. 각 분류는 명령어에 영어로 다음과 같이 적으면 됩니다.

여러 가지 원인 분류 항목

원인 분류 항목	명령어 입력 시(영문)
전체 음량	master
음악	music
주크박스/소리 블록	record
날씨	weather
블록	block
적대적 생명체	hostlie
친화적 생명체	neutral
플레이어	player
분위기음/환경	ambient
음성	voice

➕ **알아두기** master로 재생된 소리는 다른 음량 설정에는 영향받지 않고 전체 음량 설정만을 따릅니다.

플레이어는 소리를 들려줄 플레이어들을 의미합니다. 예를 들어 모든 플레이어를 선택하려면 @a를 사용합니다.

위치는 소리를 재생할 위치를 의미합니다. 위치에 따라 소리가 들리는 방향도 달라지고, 그 위치에서 멀리 있을수록 소리가 작게 들립니다. 따로 값을 지정해 주지 않는 한 기본적으로 명령어 실행 위치가 사용됩니다.

음량은 소리의 크기를 지정합니다. 최대 음량은 1.0이며, 이것이 기본값입니다. 이보다 큰 수를 적을 경우 소리가 더 커지지는 않지만 소리가 들리는 거리에는 영향을 줍니다. 음량이 1.0 이하이면 소리가 들리는 거리는 16블록이고, 1.0 초과이면 소리가 들리는 거리는 음량에 16블록을 곱한 값입니다. 따라서 멀리서도 들리는 소리를 만들려면 음량을 더 10, 100, 1000처럼 더 키워야 합니다. (아니면 뒤에서 설명하는 최소 음량을 설정하거나요.)

피치는 음높이를 뜻합니다. '배속'이라고 생각해도 좋습니다. 0.5~2.0 범위에서 지정하고, 기본값은 1.0입니다. 1보다 작은 값을 지정하면 높이가 낮아지면서 길이가 길어집니다. 1보다 큰 값을 지정하면 높이가 높아지면서 길이가 짧아집니다. 동영상을 0.5배속하면 목소리가 낮게 들리고 2배속하면 목소리가 높게 들리는 것과 같은 원리를 사용합니다.

최소 음량은 먼 곳에서 들었을 때의 음량을 의미합니다. 앞에서 말한 것처럼 음량에 따른 거리보다 먼 곳에서는 기본적으로 소리가 안 들립니다. 그러나 최소 음량을 지정하면, 플레이어로부터 2블록 떨어진 곳에서 최소 음량으로 소리가 나는 것으로 들립니다. 최소 음량은 0.0~1.0 범위에서 지정하고, 기본값은 소리가 전혀 안 들리는 0.0입니다.

모든 플레이어에게 들려야 하는 소리라면, 〈음량〉〈피치〉〈최소 음량〉은 1 1 1로 놔도 무방합니다. 여기서 피치를 조절해 높이와 속도를 조절하는 정도입니다. 또는, 특정 방향에서 소리가 오는 것이 맘에 안 든다면 execute를 응용해 다음과 같이 쓸 수 있습니다.

/execute as @a at @s run playsound 〈소리〉 〈원인 분류〉 @s

as @a at @s에 의해 각 플레이어의 입장과 위치에서 playsound 명령어를 실행하게 됩니다. 그리고 playsound 명령어로 지정한 플레이어가 @s이므로 각 플레이어는 자기 자신에게만 들리는 소리를 자기 위치에서 재생합니다. 이러면 특정 방향에서 소리가 들리는 일은 없겠죠?

알람 소리가 안 들려서 늦잠을 잤어…
최소 음량을 0으로 설정해 뒀나 봐…

배워 보기 - scoreboard

챕터 8에서 마인크래프트 명령어들 중 가장 중요한 명령어는 execute일 것이라고 말했습니다. 그리고 그 못지않게 중요한 역할을 하는 명령어가 바로 지금 배울 scoreboard입니다. scoreboard 명령어 없이는 복잡한 시스템을 사용하는 맵을 만들기가 어렵습니다. 사실상 불가능하죠. 어째서일까요?

시스템을 개발하기 위해서는 여러 가지 정보를 기록할 공간이 필요합니다. 게임이 어느 단계까지 진행됐는지, 각 팀의 점수는 얼마인지, 시간은 얼마나 지났는지 같은 것 말이에요. 한 명령어에서 얻은 정보를 다른 명령어에 연계해서 사용하는 데에도 기록 공간은 필수적이죠. 그리고 마인크래프트 명령어 체계에서 기록 공간으로서의 역할을 도맡아서 하는 것이 scoreboard, 즉 점수판입니다.

이러한 점수판의 용도가 원래부터 의도적인 것이었는지는 알 수 없지만, 이제는 점수판을 어떻게 구상하고 이용하는지가 명령어 실력의 중요한 부분을 담당하게 되었습니다. 점수판을 다루는 방법에 대해 차근차근 알아보겠습니다.

▶ 목표란?

어떤 온라인 게임의 현황판을 생각해 보세요. 각 플레이어가 다른 플레이어를 처치한 수, 처치를 도운 수, 그리고 처치당한 수가 기록되어 있습니다. 흔히 말하는 킬/어시스트/데스입니다. 이것을 점수판으로는 어떻게 표현할까요?

킬, 어시스트, 데스는 서로 독립적인 점수판으로 생각할 수 있습니다. 즉, 킬 점수판에는 다른 플레이어를 처치한 수만 기록되고, 어시스트 점수판에는 도움 수만, 데스 점수판에는 처치당한 수만 기록됩니다.

마인크래프트에서는 이 독립적인 점수판 하나하나를 **목표**라고 부릅니다. 예를 들어 Alfa가 3번, Bravo가 7번 죽은 상황이라면 death라는 목표에 Alfa 3점, Bravo 7점이 들어있게 됩니다. 다시 말하면, Alfa의 death 점수가 3이고, Bravo의 death 점수는 7입니다.

목표에 들어 있는 이름과 점수의 대응 하나하나를 점수 항목이라 부르겠습니다. 예를 들어, 목표 obj1에 "이름1이 30점", "이름2가 30점", "이름3이 20점"이라는 항목들이 들어 있을 수 있습니다.

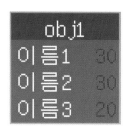

각 항목 사이에 특별한 순서는 없고, 표시할 때는 보통 점수가 높은 것부터 보여 줍니다. (점수는 음수여도 괜찮습니다.)

원래는 플레이어 이름과 점수를 적으라는 의도였겠지만, 딱히 플레이어 이름이어야 한다는 제한이 없어서 정말 아무런 이름에나 점수를 부여할 수 있습니다. 사람들은 이 점을 이용해서 점수에 정보를 기록하기 시작했죠.

scoreboard 명령어에는 scoreboard objectives로 시작하는 것과 scoreboard players로 시작하는 것 두 가지가 있습니다. objectives에는 목표 자체를 만들거나 설정하는 등의 기능이 있고, players에는 점수 항목을 만들거나 점수를 바꾸는 기능이 있습니다. 명령어가 scoreboard players라고 해서 플레이어 이름만 적으라는 법은 없다는 걸 기억하세요!

▶ scoreboard objectives

scoreboard objectives는 목표 안에 있는 항목들은 건드리지 않고, 목표 자체를 관리하는 명령어입니다. 점수판을 다룰 때 가장 먼저 실행해야 하는 명령어이죠. 커맨드 블록 안에 넣기보다는 시스템을 만들면서 기반 설정으로 제작자가 직접 설정해 주는 경우가 많습니다.

/scoreboard objectives add <목표 이름> <기준> [<표시 이름>]
: 이름을 **목표 이름**으로 하여 새 목표를 생성합니다.

명령어 예시	의미
/scoreboard objectives add obj1 dummy	목표 obj1을 생성합니다.

목표 이름에는 알파벳과 숫자, 아니면 밑줄(_), 마침표(.), 빼기(−), 더하기(+)에 속하는 문자가 들어갈 수 있고, 그 외 한글 같은 문자는 쓸 수 없습니다.

기준은 보통 dummy로 설정합니다. 이는 우리가 명령어를 통해서 항목을 만들고 수정할 수 있을 뿐 마인크래프트가 자동으로 점수를 변경해 주지 않는다는 뜻입니다. 이 외에도 다양한 기준이 있는데, 예를 들어 health는 점수가 각 플레이어의 생명력과 동일하도록 마인크래프트가 관리해 줍니다. 또, minecraft.killed:minecraft.zombie는 좀비를 죽일 때마다 자동으로 해당 플레이어의 점수가 1씩 증가합니다.

본 이름 외에 따로 표시용 이름을 정하고 싶으면 **표시 이름**을 씁니다. JSON 메시지로 지정하기 때문에 예쁘게 표시되게 만들 수 있습니다. 명령어 출력이나 곧이어 배울 setdisplay에 적용됩니다.

점수판은 기본적으로 명령어를 통하지 않으면 그 내용이 보이지 않습니다. 항상 화면에 보이도록 하려면 setdisplay를 사용합니다.

/scoreboard objectives setdisplay ⟨슬롯⟩ [⟨목표⟩]
: **슬롯**에 표시될 목표로 **목표**를 지정합니다.
: **목표**를 비워 두면 **슬롯**에 표시되는 내용을 없앱니다.

점수판을 보여 줄 수 있는 여러 슬롯이 있고, 그중 하나에 점수판 목표를 표시하는 것입니다. 사용할 수 있는 슬롯은 다음과 같습니다.

여러 가지 슬롯의 기능 및 속성

사용 가능한 슬롯	해당 슬롯의 기능 및 속성
list	Tab 키를 눌렀을 때 보이는 플레이어 목록에 노란색 숫자로 표시합니다. 잠시 후에 설명할 modify rendertype으로 렌더 유형을 바꾸면 하트로 표시할 수도 있습니다. 점수 1당 하트 반 개입니다.
sidebar	화면 오른쪽에 점수가 가장 높은 항목 15개까지가 표시됩니다. 이름이 #으로 시작하는 항목은 표시되지 않습니다.

sidebar.team.<색>	sidebar와 같으나, 그 색 팀의 플레이어들에게만 보입니다.
belowName	플레이어의 이름표 밑에 표시됩니다.

이미 생성한 목표의 설정을 변경하거나, 목록을 표시하고 삭제하는 명령어들이 있습니다.

/scoreboard objectives modify <목표> displayname <표시 이름>
: **목표**의 **표시 이름**을 변경합니다. 표시 이름을 JSON 메시지로 지정해 주세요.

/scoreboard objectives modify <목표> rendertype <렌더 유형>
: **목표**가 list 슬롯에 표시될 때 사용되는 **렌더 유형**을 변경합니다.
 (**렌더 유형**은 integer(노란색 숫자)와 hearts(하트) 중 하나입니다.)

/scoreboard objectives list
: 목표의 목록을 표시합니다.

/scoreboard objectives remove <목표>
: **목표**를 삭제합니다.

▶ scoreboard players

scoreboard players는 목표 안에 있는 항목들을 관리하는 명령들입니다. 여기서 이름을 지정할 때는 아무 이름이나 지정해도 됩니다. 선택자나 개체의 UUID도 좋습니다. 이름을 *로 지정하면 점수판에 포함된 '모든 이름'을 선택합니다.

/scoreboard players set <이름> <목표> <점수>
: **목표**에서 **이름**의 점수를 **점수**로 설정합니다.

명령어 예시	의미
/scoreboard players set 이름1 obj1 30	obj1 목표에서 이름1의 점수를 30으로 설정합니다.

이름1 항목의 점수를 설정해 보았으니 이번엔 확인해 보겠습니다.

/scoreboard players get <이름> <목표>
: **목표**에서 **이름**의 점수를 확인합니다.

명령어 예시	의미
/scoreboard players get 이름1 obj1	obj1 목표에서 이름1의 점수를 확인합니다.

이처럼 get은 점수를 확인만 하는 명령어로 set과는 전혀 다른 속성을 가집니다.

또한 set과 get 외에도 다양한 명령어들이 있습니다. 그중 add, remove, reset, operation 구문을 간단히 확인해 보겠습니다.

/scoreboard players add <이름> <목표> <점수>
: **목표**에서 **이름**의 점수를 **점수**만큼 증가시킵니다.

/scoreboard players remove <이름> <목표> <점수>
: **목표**에서 **이름**의 점수를 **점수**만큼 감소시킵니다.

/scoreboard players reset <이름> [<목표>]
: **목표**에서 **이름**의 점수를 삭제합니다.
: **목표**를 지정하지 않으면 모든 목표에 대해 삭제합니다.

/scoreboard players operation <이름1> <목표1> <연산> <이름2> <목표2>
: **목표1**에 있는 **이름1**의 점수를 점수1, **목표2**에 있는 **이름2**의 점수를 점수2라고 할 때, **연산**
에 따라 점수1이 변합니다.

연산에 따른 점수1의 변화 양상을 표로 나타내면 다음과 같습니다.

연산	점수1 변화 양상
=	점수2로 변합니다.
+=	점수2가 더해집니다.
-=	점수2가 빼집니다.
*=	점수2가 곱해집니다.

/=	점수2로 나눈 몫(내림)으로 변합니다.
%=	점수2로 나눈 나머지로 변합니다.
><	점수1과 점수2가 서로 바뀝니다.
<	점수2가 점수1보다 작다면 점수2로 변합니다.
>	점수2가 점수1보다 크다면 점수2로 변합니다.

>< 연산을 제외하고는 점수2는 변하지 않고 점수1만 변할 수 있음을 기억하세요.

다음은 특정 목표가 아니라 점수판 시스템 전체에 걸쳐 점수를 확인하는 데 쓰이는 list 입니다.

/scoreboard players list
: 어떤 목표에라도 점수를 가지고 있는 이름들을 나열합니다.

/scoreboard players list <이름>
: **이름**이 가진 점수를 나열합니다. 모든 목표에 대한 점수를 보여 줍니다.

단순히 점수를 기억한다고 보기에는 점수판에 기능이 굉장히 많죠? 특히 사칙연산까지 지원하는 것을 보면 가능성이 무궁무진합니다.

▶ execute if

마지막으로, 어디에나 쓰이는 **execute** 명령어에서 점수판과 관련된 조건들을 살펴보겠습니다. 먼저 점수가 특정 값과 일치하거나(**matches <값>**), a 이상 b 이하(**matches a..b**) 인지 확인하는 **execute if** 구문이 있습니다.

if score <이름> <목표> matches <범위>
: **목표**에서 **이름**의 점수가 **범위** 안에 있는지 확인하는 조건입니다.

명령어 예시	의미
/execute if score 이름1 obj1 matches -3 run kill @e	목표 obj1에서 이름1의 점수가 -3이면 모든 개체를 죽입니다.

/execute if score @p obj1 matches 10..20 run kill @e	목표 obj1에서, 가장 가까이 있는 플레이어의 점수가 10~20 안에 있으면 모든 개체를 죽입니다.
/execute if score 이름1 obj1 matches ..3 run kill @e	목표 obj1에서 이름1의 점수가 3 이하면 모든 개체를 죽입니다.

다음으로는 두 개의 점수를 골라 둘 사이의 대소 관계를 비교하는 execute if 구문입니다. 위에서 배운 것은 한 개의 점수를 고정된 값이나 범위와 비교했다면, 여기서는 두 개의 점수를 서로 비교한다는 것이 차이점입니다.

> if score ⟨이름1⟩ ⟨목표1⟩ ⟨비교 연산⟩ ⟨이름2⟩ ⟨목표2⟩
> : **비교 연산**은 ⟨, <=, =, >=, ⟩ 중 하나입니다. **목표1**에서 **이름1**의 점수와 **목표2**에서 **이름2**의 점수를 비교했을 때, 지정한 등호 또는 부등호가 성립하는지 확인하는 조건입니다.

명령어 예시	의미
/execute if score 이름1 obj1 = 이름2 obj2 run kill @e	목표 obj1에서 이름1의 점수가 목표 obj2에서 이름2의 점수와 같으면 모든 개체를 죽입니다.
/execute if score 이름1 obj1 <= 이름2 obj2 run kill @e	목표 obj1에서 이름1의 점수가 목표 obj2에서 이름2의 점수 이하이면 모든 개체를 죽입니다.

점수판이라고 보기에는 기능이 너무 많은걸?
여러 가지 정보를 표시하는 전광판 같아!

미니게임의 배경이 될 외양간을 지어 보겠습니다.

외양간 건물

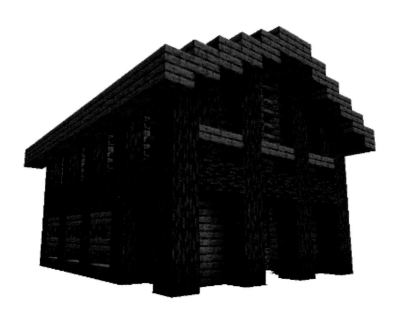

▶ 제작 과정

01 참나무 원목, 판자를 이용해 기반을 다집니다. 바닥도 잔디 블록으로 해 주면 좋습니다.

※ 입구는 z가 감소하는 방향인 북쪽으로 해 주세요! 이후 명령어 설명이 소가 북쪽으로 탈출하는 것을 기준으로 되어 있습니다.

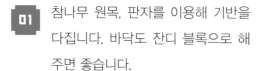
높이 1~2 모습

02 그 상태에서 오른쪽 그림과 같이 만들어지도록 더 쌓아 줍니다.

높이 3~4 모습

03 참나무 계단과 원목, 울타리로 두 칸을 더 높입니다.

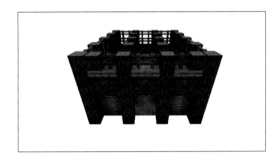

04 2층을 올려 줍니다. 지붕은 판자와 반 블록으로 비스듬한 경사를 표현합니다.

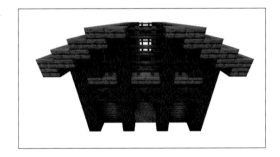

05 지붕을 마무리합니다.

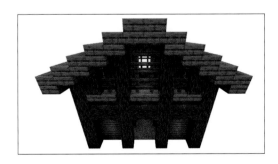

06 울타리, 조약돌 담장 등을 이용해 내부를 꾸며 주세요.

07 외양간의 입구 쪽에 울타리로 막힌 공간을 만들어 게임장을 만듭니다. 여기서는 게임장의 길이를 22블록으로 정했습니다.

앗, 울타리를 깜빡해서 소들이 다 도망가 버렸다! 마지막에 바깥쪽 울타리를 꼭꼭 만들어 줘야 해…!

만들어 보기 - 소 잡기 미니게임

외양간에서 탈출한 소들이 울타리의 끝으로 달려가고, 플레이어가 소의 탈출을 막아 내는 간단한 미니게임을 만들어 보겠습니다. 플레이어가 소를 때리면 소가 뒤로 밀려납니다. 소가 울타리의 끝에 도달하면 플레이어의 패배이고, 패배하지 않고 45초를 버티면 플레이어의 승리입니다.

플레이하는 모습

▶ 제작 과정

간단한 미니게임이라도 실제로 만들려면 꽤 많은 명령어를 함께 사용해야 합니다. 각 명령어마다 커맨드 블록이 하나씩 필요하므로, 커맨드 블록을 모아둘 공간도 커야겠죠? 이번 미니게임에서는 22(가로)×8(높이)×20(세로) 정도의 공간이면 넉넉합니다.

커맨드 블록을 모두 놓으면 아래와 같이 됩니다.

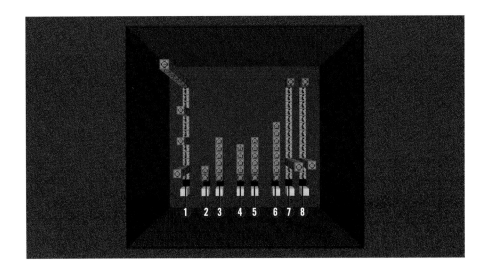

총 8줄이 있습니다. 빨간색 블록 자리 위에 레드스톤 블록을 놓으면 그 줄에 있는 커맨드 블록들이 아래에서 위로 순서대로 실행됩니다. 기본적으로 명령의 연속성을 위해 연쇄형 커맨드 블록을 이용하지만 ①, ⑦, ⑧번 줄의 경우에는 명령 사이에 시간차를 주기 위해 레드스톤 중계기를 이용했습니다.

각 줄이 담당하는 기능은 다음과 같습니다.

- **①번 줄**: 게임 시작 카운트다운. 완료 후 ②, ③, ④, ⑤번 줄을 켬.
- **②번 줄**: 점수판 초기 설정.
- **③번 줄**: 소 소환.
- **④번 줄**: 지속적으로 소를 움직이고, 소가 플레이어에게 맞으면 뒤로 밀어 냄. 소가 울타리에 도달하면(플레이어 패배이므로) ⑥, ⑧번 줄을 켬.
- **⑤번 줄**: 남은 시간을 재는 타이머. 시간이 모두 지나면(플레이어 승리이므로) ⑥, ⑦번 줄을 켬.
- **⑥번 줄**: 커맨드 블록을 작동시키고 있던 모든 레드스톤 블록을 없애서 명령어가 더 작동하지 않도록 함.
- **⑦번 줄**: 플레이어 승리 처리.
- **⑧번 줄**: 플레이어 패배 처리.

이 8개의 기능이 있으면 게임이 잘 진행될 것 같아 보이나요? 명령어로 복잡한 시스템을 만들 때에는 시스템을 이루는 여러 기능을 잘 분리해서 생각하는 것이 중요합니다. 너무 큰 시스템을 한 번에 만들려고 하면 골치가 아프니까요. 작은 기능을 하나하나 만들고 나서 나중에 한꺼번에 합치는 게 좋습니다.

각 줄이 들어갈 공간을 미리 계획한 다음, 각 줄을 실행하기 위해 레드스톤 블록을 놓을 좌표를 기록해 두어야 합니다. 아래 그림에서 금 블록들의 좌표가 이 레드스톤 블록을 놓을 좌표입니다. 8줄이니까 좌표 8개를 기록해 주세요.

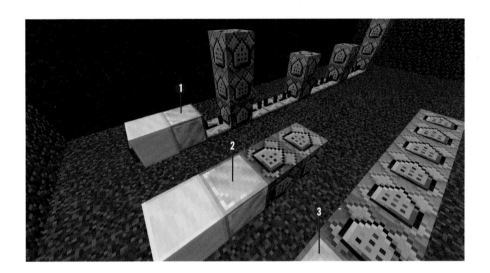

앞으로 〈1실행좌표〉라고 되어 있는 부분이 있으면 방금 기록한 좌표 중 ①번 줄의 것을 써 주면 됩니다. ②~⑧번 줄에 대해서도 각각 마찬가지입니다.

①~⑧번 줄의 커맨드 블록을 적기 전에 먼저 `/scoreboard objectives add time dummy` 명령어를 직접 실행해서 **time**이라는 점수판 목표를 만들어 주세요. 여기에 남은 시간을 저장할 것입니다.

그러면 드디어 준비가 끝났습니다. 이제 본격적으로 각 줄에 들어갈 명령어들을 알아보겠습니다!

▶ ①번 줄: 게임 시작 카운트다운

①번 줄은 '게임 시작 전 카운트다운'을 담당합니다.

> ✚ **알아두기** 연쇄형 커맨드 블록이 포함된 작업에서는 각 커맨드 블록의 옆면에 그려진 무늬의 방향을 잘 확인해서 연쇄가 제대로 이루어질 수 있도록 해 주세요. 무늬가 다음 연쇄형 커맨드 블록을 가리키고 있어야 합니다!

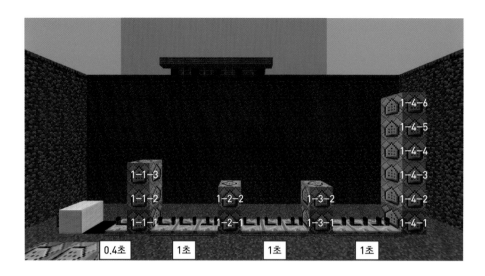

레드스톤 중계기는 최대 0.4초까지 시간차를 줄 수 있으니 중계기 3개를 0.4초, 0.4초, 0.2초로 설정해 놓으면 명령어 사이에 1초의 시간차를 줄 수 있겠죠?

각 커맨드 블록에 다음 명령어들을 적어 주세요.

커맨드 블록	해당 블록에 입력할 명령어
1-1-1	title @a title {"text":"3","color":"gold"}
1-1-2	playsound minecraft:block.note_block.flute master @a ~ 256 ~ 1 2 1
1-1-3	tp @a <플레이어의 게임 시작 좌표>
1-2-1	title @a title {"text":"2","color":"gold"}
1-2-2	playsound minecraft:block.note_block.flute master @a ~ 256 ~ 1 2 1
1-3-1	title @a title {"text":"1","color":"gold"}
1-3-2	playsound minecraft:block.note_block.flute master @a ~ 256 ~ 1 2 1
1-4-1	title @a title {"text":"START","color":"red"}
1-4-2	playsound minecraft:block.anvil.use master @a ~ 256 ~ 1 2 1
1-4-3	setblock <2실행좌표> minecraft:redstone_block
1-4-4	setblock <3실행좌표> minecraft:redstone_block
1-4-5	setblock <4실행좌표> minecraft:redstone_block
1-4-6	setblock <5실행좌표> minecraft:redstone_block

title과 playsound 명령어를 이용해서 "3", "2", "1", "START"라는 카운트다운을 플레이어에게 보여 주고 있네요. 그러면서 1-1-3 블록에서는 모든 플레이어를 울타리 안의 게

임 시작 좌표로 이동시켜요.

주목할 점은 1-4-3부터 1-4-6까지 블록이 ②, ③, ④, ⑤번 줄 모두를 실행시키고 있다는 점입니다. ②, ③번 줄은 게임 시작 시에, ④, ⑤번 줄은 게임 도중에 계속 실행되는 명령어들이므로 카운트다운이 끝나면 모두 켜 줘야 합니다.

▶ ②~③번 줄: 게임 시작 시 실행되는 명령들

②번 줄은 '점수판 초기 설정'을, ③번 줄은 '소 소환'을 담당합니다.

②, ③번 줄은 중계기 없이 곧바로 실행되는 명령들입니다. 게임이 시작했을 때 한 번 실행됩니다.

②번 줄의 각 커맨드 블록에 다음 명령어들을 적어 주세요.

커맨드 블록	해당 블록에 입력할 명령어
2-1	scoreboard players set sec time 45
2-2	scoreboard players reset tick time

남은 시간 정보를 저장하기 위해 앞에서 time이라는 목표를 만들어 두었습니다. 이 목표에 sec이라는 이름으로 남은 시간을 초 단위로 저장하고, tick이라는 이름으로 틱 수를 저장하려고 합니다. 타이머를 담당하는 ⑤번 줄을 작업할 때 더 자세히 알아보겠습니다. 우선 게임을 45초 동안 지속할 예정이므로 sec의 초깃값으로 45를 넣습니다.

다음으로 ③번 줄의 각 커맨드 블록에 다음 명령어들을 적어 주세요.

커맨드 블록	해당 블록에 입력할 명령어
3-1	summon minecraft:cow <소 소환 위치1> {Tags:["game_cow"],NoAI:1b,AbsorptionAmount:1000}
3-2	summon minecraft:cow <소 소환 위치2> {Tags:["game_cow"],NoAI:1b,AbsorptionAmount:1000}
3-3	summon minecraft:cow <소 소환 위치3> {Tags:["game_cow"],NoAI:1b,AbsorptionAmount:1000}
3-4	summon minecraft:cow <소 소환 위치4> {Tags:["game_cow"],NoAI:1b,AbsorptionAmount:1000}
3-5	summon minecraft:cow <소 소환 위치5> {Tags:["game_cow"],NoAI:1b,AbsorptionAmount:1000}
3-6	summon minecraft:cow <소 소환 위치6> {Tags:["game_cow"],NoAI:1b,AbsorptionAmount:1000}

탈출하는 소들을 소환합니다. 소의 소환 위치는 외양간의 입구도 좋고 내부도 좋습니다. 참고로 저는 다음 그림에서 금 블록들이 놓인 위치 위를 소환 위치로 지정했습니다.

소를 소환할 때 Tags:["game_cow"]로 지정하면 나중에 @e[tag=game_cow]와 같은 선택자로 이 소들을 모두 선택할 수 있습니다. 세상에는 많은 소가 있을 텐데, 게임에 참여하고 있지 않은 다른 소들까지 명령어로 조작하는 건 소들한테 실례겠죠? 그러니까 우리가 게임용으로 소환한 소만 딱 집어서 선택하기 좋도록 태그를 달아 주는 것입니다.

NoAI:1b는 소가 스스로의 의지로 움직이게 하지 말고 명령어로만 움직이게 하라는 뜻입니다. AbsorptionAmount:1000은 소에게 추가 체력 1000을 부여합니다. 1000 정도면 게임 중에 소가 죽는 일은 없을 것 같네요.

개체를 무적으로 만들기

Invulnerable:1b로 지정해서 개체를 무적으로 만들 수도 있습니다. 무적 상태인 개체는 공격을 전혀 받지 않습니다.

그런데 우리가 소 잡기 미니게임을 하려면 소를 때릴 수는 있어야 소를 밀어낼 수 있겠죠? 그래서 아예 무적으로 만드는 방법은 이번에는 쓸 수 없답니다. 이렇게 '공격당할 수는 있어야 하는데 죽으면 안 되는 경우'에는 AbsorptionAmount 같은 방법으로 충분한 체력을 주거나, 강력한 저항 효과를 주는 식으로 개체를 보호해야 합니다.

▶ ④~⑤번 줄: 게임 도중에 계속 실행되는 명령들

④번 줄은 '소 처리'를, ⑤번 줄은 '남은 시간 처리'를 담당합니다.

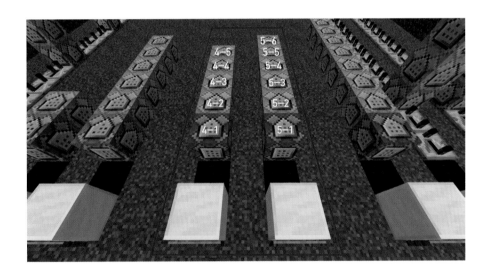

이 두 줄은 게임이 진행되는 동안 계속 반복해서 실행되므로, 첫 커맨드 블록이 반응형이 아니라 '반복형'이어야 합니다.

또한 연쇄형 커맨드 블록 중 일부는 무조건적이 아니라 '조건적'으로 설정해서 이전 명령어가 성공했을 때에만 실행되도록 합니다. 다음 표에서 (조건적)이라고 기입된 명령어를 적을 때는 꼭 커맨드 블록을 '조건적'으로 설정해 주세요!

④번 줄의 각 커맨드 블록에 다음 명령어들을 적어 주세요.

커맨드 블록	해당 블록에 입력할 명령어
4-1	execute as @e[tag=game_cow] at @s run tp @s ~ ~ ~-0.2 -180 0
4-2	execute as @e[tag=game_cow,nbt={HurtTime:10s}] at @s run tp @s ~ ~ ~5
4-3	execute as @e[tag=game_cow] at @s if entity @s[z=<끝 울타리 z 좌표>,dz=0.5] run kill @e[tag=game_cow]
4-4	**(조건적)** setblock <8실행좌표> minecraft:redstone_block
4-5	**(조건적)** setblock <6실행좌표> minecraft:redstone_block

@e[tag=game_cow]라는 선택자가 많이 쓰였죠? tag=game_cow는 아까 game_cow 태그를 달아 소환한 소들만 선택하는 선택자입니다.

4-1 블록에서는 소들의 z 좌표를 0.2씩 줄이고 있습니다. 이 명령어들은 반복형 커맨드 블록에 의해 0.05초마다 한 번씩 실행되니까 초당 4블록의 속도로 소가 이동하게 됩니다.

그다음 4-2 블록에서는 nbt={HurtTime:10s}를 이용해서, 피해를 입은 소들을 선택하고 있습니다. 몹은 피해를 입으면 몸이 빨간색으로 변하면서 10틱(0.5초) 동안 무적이 됩니다. HurtTime:10s는 무적 시간이 10틱 남은, 즉 막 피해를 입은 몹을 골라내는 선택자입니다. 소는 플레이어에게 맞으면 밀려나서 z 좌표가 5 늘어나도록 합니다.

4-3 블록은 끝에 있는 울타리에 도달한 소가 있으면 모든 소를 죽입니다. 그리고 이 명령어가 실행되었을 때에만 조건적 커맨드 블록인 4-4, 4-5가 실행됩니다. 소가 울타리에 도달했다는 것은 플레이어가 패배했다는 것이므로 패배 처리인 ⑧번 줄을 실행하고, 게임을 중단하기 위해 ⑥번 줄을 실행합니다.

다음으로 ⑤번 줄의 각 커맨드 블록에 다음 명령어들을 적어 주세요.

커맨드 블록	해당 블록에 입력할 명령어
5-1	title @a actionbar [{"text":"남은 시간 : ","color":"gold","bold":true},{"score":{"name":"sec","objective":"time"},"color":"white"}]
5-2	scoreboard players add tick time 1
5-3	execute if score tick time matches 20 run scoreboard players remove sec time 1
5-4	execute if score tick time matches 20 run scoreboard players set tick time 0
5-5	execute if score sec time matches 0 run setblock <7실행좌표> minecraft:redstone_block
5-6	**(조건적)** setblock <6실행좌표> minecraft:redstone_block

5-1 블록에서는 점수판의 **sec** 값을 플레이어의 액션바에 남은 시간으로 표시해 줍니다.

5-2 블록은 점수판의 **tick** 값을 1 증가시킵니다. 0.05초마다 **tick**이 1 증가합니다.

5-3과 5-4 블록에서는 **tick**이 20이 되는 것을 인식해서 **sec**을 1 줄이고 **tick**을 0으로 되돌리고 있습니다. 20틱이 1초이므로, 20틱마다 한 번씩 **sec**을 1 줄이기 위해 이런 방식을 사용하는 것이죠.

그리고 시간이 다 되어서 **sec**이 0이 된다면 5-5와 5-6 블록이 실행되어 승리 처리인 ⑦번 줄과 게임 중단을 위한 ⑥번 줄을 작동시킵니다.

▶ ⑥~⑧번 줄: 게임이 끝날 때 실행되는 명령들

⑥번 줄은 '레드스톤 블록들 제거'를, ⑦번 줄은 '게임 승리 처리'를, ⑧번 줄은 '게임 패배 처리'를 담당합니다.

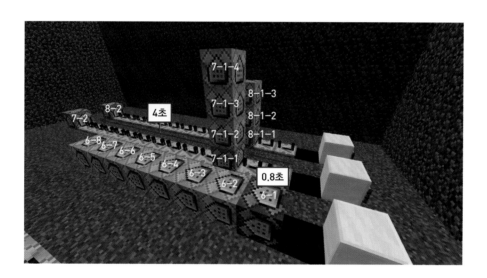

게임이 종료되는 상황은 '승리'와 '패배'라는 두 가지 경우가 있고, 두 상황 모두 공통적으로 레드스톤 블록들을 전부 없애는 작업이 필요합니다. 그래서 레드스톤 블록들을 없애는 ⑥번 줄, 승리한 경우를 처리하는 ⑦번 줄, 패배한 경우를 처리하는 ⑧번 줄을 만들어야 하는 것이죠. 그럼 게임을 마무리할 수 있도록 마지막 세 줄을 만들어 볼까요?

먼저 ⑥번 줄의 각 커맨드 블록에 다음 명령어들을 적어 주세요.

커맨드 블록	해당 블록에 입력할 명령어
6-1	setblock <1실행좌표> minecraft:air
6-2	setblock <2실행좌표> minecraft:air

6-3	setblock <3실행좌표> minecraft:air
6-4	setblock <4실행좌표> minecraft:air
6-5	setblock <5실행좌표> minecraft:air
6-6	setblock <6실행좌표> minecraft:air
6-7	setblock <7실행좌표> minecraft:air
6-8	setblock <8실행좌표> minecraft:air

⑥번 줄은 레드스톤 블록 자리를 모두 공기로 바꿉니다. 게임이 끝났으니 더 이상 커맨드 블록들이 작동하지 않도록 하는 것입니다. 간단하죠?

⑦번 줄과 ⑧번 줄에는 명령어들 사이에 대기 시간을 주기 위해 중계기가 이어져 있습니다. ①번 줄에서 본 것과 같습니다.

승리를 처리하는 ⑦번 줄의 각 커맨드 블록에는 다음 명령어들을 적어 주세요.

커맨드 블록	해당 블록에 입력할 명령어
7-1-1	title @a title {"text":"게임 클리어!","color":"gold"}
7-1-2	title @a times 1 50 40
7-1-3	playsound minecraft:ui.toast.challenge_complete master @a ~ 256 ~ 0.8 2 0.8
7-1-4	kill @e[tag=game_cow]
7-2	tp @a <게임 종료 후 이동할 좌표>

⑦번 줄에서는 게임 클리어 문구를 화면에 띄우고 효과음을 들려 준 뒤, 소를 모두 죽입니다. 그리고 기다렸다가 게임장에서 퇴장시킵니다. 이 과정을 조금 더 자세히 설명하면 다음과 같습니다.

7-1-1 블록은 모든 플레이어의 화면 상단에 금색으로 된 "게임 클리어!"라는 문구를 띄웁니다.

그리고 7-1-2 블록으로 화면 상단의 메시지가 나타나는 시간을 설정합니다. 여기서는 메시지가 나타나는 시간을 1틱(0.05초)로 설정하고, 유지되는 시간을 50틱(2.5초)으로, 메시지가 사라지는 시간을 40틱(2초)으로 설정했습니다.

7-1-3 블록은 모든 플레이어에게 게임 클리어 사운드를 재생합니다.

7-1-4 블록은 game_cow라는 태그가 달린 모든 소를 제거합니다.

마지막으로 7-1-5 블록은 모든 플레이어를 지정된 좌표로 이동시킵니다. 〈게임 종료 후 이동할 좌표〉는 실제로 플레이어를 이동시킬 좌표를 나타내는 부분으로, 실제 좌표 값으로 대체되어야 합니다.

패배를 처리하는 ⑧번 줄의 각 커맨드 블록에는 다음 명령어들을 적어 주세요.

커맨드 블록	해당 블록에 입력할 명령어
8-1-1	title @a title {"text":"게임 오버!","color":"red"}
8-1-2	title @a times 1 50 40
8-1-3	playsound minecraft:entity.villager.no master @a ~ 256 ~ 0.8 1 0.8
8-2	tp @a 〈게임 종료 후 이동할 좌표〉

⑧번 줄도 ⑦번 줄과 구조가 같습니다. 하지만 앞서 4-3 블록에서 이미 소를 다 죽였기 때문에 ⑦번 줄과 다르게 소를 죽이는 명령어만 빠졌습니다.

▶ 게임 시작 버튼

이제 게임을 위한 명령어들은 모두 작성했습니다! 마지막으로 게임을, 정확히는 게임 시작 카운트다운을 시작할 수 있도록 버튼을 만들어 보겠습니다.

먼저 도체 블록에 버튼을 달고, 그 아래에 커맨드 블록을 놓아서 신호가 전달되도록 합니다. 그리고 커맨드 블록에 setblock 〈1실행좌표〉 minecraft:redstone_block이라는 명령어를 적습니다.

이제 커맨드 블록들이 안 보이게 잘 숨기고, 버튼을 눌러서 게임이 잘 실행되는지 확인해 보세요! 코드가 제대로 작동하면 다음과 같은 플레이가 진행됩니다.

- 플레이어가 소를 때리면 소가 뒤로 밀려납니다.
- 소가 울타리의 끝에 도달하면 플레이어의 패배이고, 화면에 "게임 오버!"라는 빨간색 문구가 나타납니다.
- 패배하지 않고 45초를 버티면 플레이어의 승리이고, 화면에 "게임 클리어!"라는 금색 문구가 나타납니다.

흥, 이 정도는 엄청 쉬워!
난이도를 더 어렵게 해 보는 건 어때?

PART 3

피날레

레드스톤과 명령어를 익혀서 간단한 시스템들을 만들어 보고 나니, 우리가 즐기던 미니게임들이 어떻게 만들어졌는지 더 잘 알 수 있게 되었어요. "이 부분은 이걸 이용한 것이겠구나!"하고 원리가 보이는 지점도 간간이 있을 거예요. 그럼 이제 우리만의 게임을 창작할 시간이에요!

이번 파트에서는 지금까지 배운 마인크래프트의 다양한 시스템들과 창작 방법을 응용하여, 완성된 하나의 미니게임을 개발해 볼 거예요. 재미있는 미니게임을 만들기 위해 어떤 점을 고려해야 하는지, 복잡한 시스템을 어떻게 여러 부분으로 나누어서 구현하는지 등을 생각하면서 따라와 주세요. 그러다 보면 어느새 멋진 게임 제작자가 되어 있는 여러분을 발견할 수 있을 거예요!

마인크래프트
미니게임 만들기

일리저 디펜스

플레이어가 수비자의 입장이 되어 특정 대상이나 영역을 지키는 게임을 '디펜스 게임'이라고 부릅니다. 디펜스 게임에서는 공격자들이 목표에 도달하지 못하게 신속하게 제압하는 것이 중요하죠. (저도 오백 시간 가깝게 플레이한 장르인지라 많은 추억을 가지고 있어요.)

이 책의 마지막 주제로 '일리저들의 공격으로부터 주민을 보호하는 디펜스 게임'을 만들 것입니다. 차근차근 따라오면서 미니게임을 만드는 데 쓰이는 주요 기법들을 체험해 보세요!

 ## 배워 보기 - bossbar

엔더 드래곤이나 위더는 보스 몹이라 하여 여러 가지 특별 대우를 받습니다. 그중 하나가 화면 상단에 생명력 바가 표시되는 것입니다. 이것을 보스바라고 합니다.

그런데 역시나 마인크래프트에서 글씨를 넣을 수 있는 장소를 창작자들은 가만히 놔두질 않죠. 이름을 설정한 엔더 드래곤을 지하에 생성해서 안내 메시지를 보여 주는 용도로 쓴다거나 하는 창작물들이 많았습니다.

그래서 1.13 버전부터는 bossbar 명령어가 추가되어 보스바를 마음대로 만들고 수정할 수 있게 되었습니다.

▶ 보스바 생성하기

먼저 보스바를 생성하는 방법을 살펴보겠습니다. 다음과 같은 구문을 적용하면 새로운 보스바가 생성됩니다.

> /bossbar add <ID> <이름>
> : ID가 **ID**인 새 보스바를 생성합니다. 이름은 **이름**으로 합니다.

ID는 블록 ID, 아이템 ID처럼 명령어에 적는 것이고, 이름은 생명력 바 위에 실제로 표시되는 문구입니다. 이름은 tellraw에서 적었던 것처럼 JSON 텍스트로 적습니다.

명령어 예시	의미
/bossbar add oms:bar1 "보스바"	ID가 **oms:bar1**인 보스바를 생성합니다. 바 위에는 "보스바"라고 표시됩니다.
/bossbar add oms:bar2 "안내 메시지"	ID가 **oms:bar2**인 보스바를 생성합니다. 바 위에는 "안내 메시지"라고 표시됩니다.
/bossbar add oms:bar3 {"text":"금색 보스바","color":"gold"}	ID가 **oms:bar3**인 보스바를 생성합니다. 바 위에는 금색으로 "금색 보스바"라고 표시됩니다.

생성된 보스바는 아직 누구에게도 보이지 않습니다. 이후에 살펴볼 set ... players 명령어를 이용해 보여 줄 플레이어를 지정해야 비로소 보이게 됩니다.

▶ 보스바 이름 변경하기

보스바 위에 표시되는 이름을 변경하고 싶다면 set ... name을 사용합니다. 보스바를 생성할 때 이름을 지정하는 것과 같이 JSON 텍스트를 사용할 수 있습니다.

> /bossbar set <ID> name <이름>
> : ID가 **ID**인 보스바의 이름을 **이름**으로 바꿉니다.

명령어 예시	의미
/bossbar set oms:bar1 "보스바"	ID가 **oms:bar1**인 보스바가 "보스바"라고 표시되게 합니다.

/bossbar add oms:bar1 {"text":"하늘색 새로운 문구","color":"aqua"}	ID가 oms:bar1인 보스바가 하늘색으로 "하늘색 새로운 문구"라고 표시되게 합니다.

▶ 보스바 스타일 설정하기

보스바는 기본적으로 '나눠지지 않은 바'로 보이지만 다른 스타일도 적용할 수 있습니다.

/bossbar set <ID> style <스타일>
: ID가 **ID**인 보스바의 스타일을 **스타일**로 설정합니다.

스타일은 notched_6, notched_10, notched_12, notched_20, progress 중 하나입니다. 각각 6등분, 10등분, 12등분, 20등분, 그리고 나눠지지 않은 바입니다.

10등분 바(notched_10)

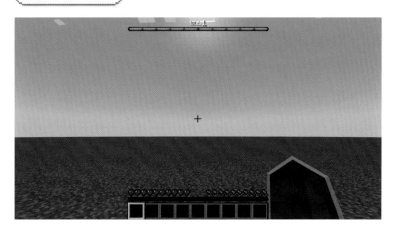

나눠지지 않은 바(progress)

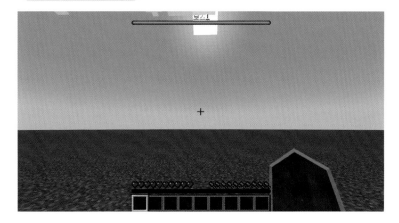

▶ 보스바 색 변경하기

보스바의 색은 기본적으로 하얀색이지만 아래 명령어를 통해 바꿀 수 있습니다.

```
/bossbar set <ID> color <색>
```
: ID가 **ID**인 보스바의 색을 **색**으로 바꿉니다.
 (색은 blue, green, pink, purple, red, white, yellow 중 하나입니다.)

▶ 보스바 생명력 최대치 변경하기

보스바는 원래 보스 몬스터의 생명력을 보여 주기 위한 것입니다. 생명력 최대치에 대한 현재 생명력의 비율만큼 보스바가 차 있죠. 명령어로 만든 보스바에서는 우리가 지정한 최대치(max)에 대한 값(value)의 비율이 사용됩니다. 기본적으로 max는 100, value는 0입니다. 아래 두 명령어로 max와 value를 각각 변경할 수 있습니다.

```
/bossbar set <ID> max <최대치>
```
: ID가 **ID**인 보스바의 최대치를 **최대치**로 바꿉니다.

```
/bossbar set <ID> value <값>
```
: ID가 **ID**인 보스바의 값을 **값**으로 바꿉니다.

값이 최대치와 같으면 보스바가 꽉 찬 상태로 보입니다.

▶ 보스바 보여 주기

보스바는 기본적으로 아무에게도 보이지 않는 상태입니다. 따라서 보스바가 나타나게 하려면 보여 줄 플레이어를 별도로 설정해야 합니다.

```
/bossbar set <ID> players [<플레이어>]
```
: ID가 **ID**인 보스바를 보일 플레이어 목록을 **플레이어**로 설정합니다.
: **플레이어**를 지정하지 않으면 아무에게도 보스바를 보이지 않습니다.

보여 줄 플레이어 설정과 상관없이 임시로 보스바를 숨기고 싶다면 visible을 임시로 false로 설정하세요.

```
/bossbar set <ID> visible <표시 여부>
```
: ID가 **ID**인 보스바의 표시 여부를 **표시 여부**로 설정합니다.
(**표시 여부**는 true(표시) 또는 false(숨김)입니다.)

▶ 보스바 설정값 알아보기

보스바에 설정된 여러 값을 알아오는 명령어도 있습니다.

```
/bossbar get <ID> <속성>
```
: ID가 **ID**인 보스바의 **속성** 값을 가져옵니다.
(**속성**은 max, value, players, visible 중 하나입니다.)

▶ 보스바 제거 및 목록 표시하기

다음은 더 이상 쓸모가 없는 보스바를 제거하거나, 보스바의 목록을 표시하는 명령어입니다.

```
/bossbar remove <ID>
```
: ID가 **ID**인 보스바를 제거합니다.

```
/bossbar list
```
: 보스바의 목록을 표시합니다.

보스바를 자유자재로
활용할 수 있어!

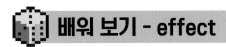
개체는 임시 또는 영구적으로 **상태 효과**를 가질 수 있습니다. 상태 효과는 유익할 수도 해로울 수도 있습니다.

상태 효과 목록

상태 효과	명령어 입력 시(영문)	상태 효과	명령어 입력 시(영문)
속도 증가	speed	허기	hunger
속도 감소	slowness	나약함	weakness
성급함	haste	독	poison
채굴 피로	mining_fatigue	시듦	wither
힘	strength	생명력 강화	health_boost
즉시 치유	instant_health	흡수	absorption
즉시 피해	instant_damage	포화	saturation
점프 강화	jump_boost	발광	glowing
멀미	nausea	공중 부양	levitation
재생	regeneration	행운	luck
저항	resistance	불운	unluck
화염 저항	fire_resistance	느린 낙하	slow_falling
수중 호흡	water_breathing	전달체의 힘	dolphins_grace
투명	invisibility	흉조	bad_omen
실명	blindness	마을의 영웅	hero_of_the_village
야간 투시	night_vision	어둠	darkness

개체에 상태 효과를 추가하거나 제거하려면 effect 명령어를 사용해야 합니다.

▶ 상태 효과 부여하기

먼저, 개체에 상태 효과를 부여하는 명령어는 /effect give입니다.

/effect give <개체> <효과> [<초>]
: **개체**에 **효과**를 해당 **초**만큼 부여합니다.

초를 infinite라고 지정하면 시간 제한이 없는 효과를 부여합니다.

명령어 예시	의미
effect give @s minecraft:speed 3	자신에게 속도 증가를 3초 부여합니다.
effect give @a minecraft:night_vision infinite	모든 플레이어에게 야간 투시를 시간 제한 없이 부여합니다.

상태 효과를 2단계, 3단계 등으로 더 강력하게 부여할 수도 있습니다. 증폭이 0일 때가 기본이고, 증폭이 1이면 2단계, 2면 3단계, …로 강화됩니다.

/effect give ⟨개체⟩ ⟨효과⟩ ⟨초⟩ ⟨증폭⟩
: **개체**에 **효과**를 해당 **초**만큼 부여합니다. 효과의 세기가 **증폭**에 따라 달라집니다.

명령어 예시	의미
effect give @s minecraft:speed infinite 10	자신에게 속도 증가 11단계를 시간 제한 없이 부여합니다.

효과를 가진 개체 주변에는 알록달록한 소용돌이 모양의 입자가 나타납니다. 다음 그림에 보이는 소용돌이 모양이 입자이며, 우측 상단에 보이는 것이 효과 표시입니다.

이 두 가지가 생기지 않게 설정하려면 기존 구문 맨 마지막에 **true**를 적어 줍니다.

> /effect give <개체> <효과> <초> <증폭> true
>
> : **개체**에 **효과**를 해당 **초**만큼 부여합니다. 효과의 세기가 **증폭**에 따라 달라집니다.
>
> (효과로 인한 입자 효과가 생기지 않고, 게임 화면에도 효과가 표시되지 않습니다.)

▶ 상태 효과 제거하기

개체의 상태 효과를 없애는 명령어는 /effect clear입니다.

> /effect clear [<개체>]
>
> : **개체**의 상태 효과를 모두 없앱니다.
>
> : **개체**를 지정하지 않으면 자기 자신의 상태 효과를 모두 없앱니다.

명령어 예시	의미
/effect clear @e[type=minecraft:pig]	모든 돼지의 상태 효과를 모두 없앱니다.

다음과 같이 특정 상태 효과만 지정해서 없앨 수도 있습니다.

> /effect clear <개체> <효과>
>
> : **개체**의 **효과**를 없앱니다.

명령어 예시	의미
/effect clear @s minecraft:nausea	자신의 멀미 효과를 없앱니다.

게임 제작에 필요한
개념 학습 끝!

이제 다음 그림을 바탕으로 미니게임장을 지어 보겠습니다.

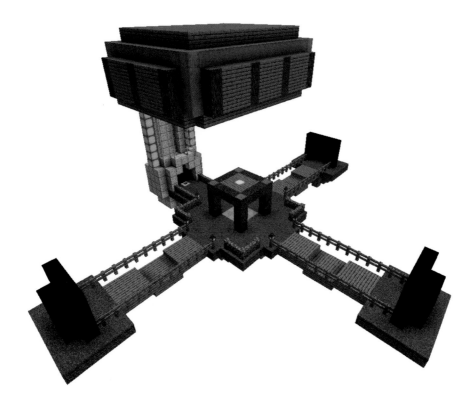

중앙에 에메랄드 블록들이 놓인 구역이 있고, 세 방향으로 다리가 뻗어 있습니다. 또한 다리를 건너가면 적이 생성되는 차원문 모양 구조물이 있습니다.

이제 본격적으로
게임을 제작해 볼 차례야!

01 정면에서 보면 이렇게 생겼습니다. 에메랄드 블록들 가운데에 놓인 버튼은 게임 시작 버튼입니다.

02 세 개의 다리와 섬은 이렇게 생겼습니다.

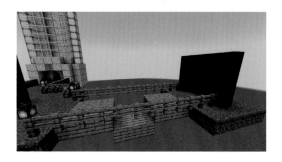

03 위에 로비를 지어 주고, 아래로 내려올 수 있는 수단을 만들어 줍니다. 챕터 4에서 전망대를 만들 때 썼던 엘리베이터를 이용하겠습니다.

이것으로 미니게임장 준비는 끝났습니다.

만들어 보기 - 시스템 개발 기초 설정

우리가 만들 디펜스 게임의 시스템 상세는 다음과 같습니다.

- ✅ 게임 시작 버튼을 누르면 게임이 시작되고, 시간을 재기 시작한다.
- ✅ 플레이어는 나무 검(부서지지 않음), 스테이크 64개, 힘의 물약을 가지고 있고, 적을 공격할 수 있다.
- ✅ 적(약탈자)는 처음에는 한 장소에서만 나오다가 약 1분 정도 지날 때마다 생성 장소가 하나씩 늘어 최대 세 곳까지 증가한다. 각 장소에서 10초마다 한 번씩 적이 생성된다.
- ✅ 가운데에 있는 주민을 향하여 적들이 이동한다. 단, 플레이어를 공격하지는 않는다.
- ✅ 바닥이 에메랄드 블록인 지점까지 도달한 적은 사라지고, 주민의 생명력이 1 감소한다.
- ✅ 주민의 생명력은 원래 5이고, 0까지 떨어지면 게임이 종료된다.
- ✅ 최대한 오래 살아남는 것이 목표이다.

간단한 게임이지만 입력해야 하는 명령어의 양은 적지 않습니다. 처음 미니게임을 만들 때는 일이 너무 많아 보일 수 있지만 긴 명령어들을 대량으로 사용하는 것도 하다 보면 점점 익숙해집니다. 급하게 생각하지 말고 차근차근 이해하려 노력해 주세요!

▸ gamerule, setworldspawn 설정

우리가 만들 미니게임은 마인크래프트를 게임 제작 도구로 사용할 뿐, 일반적인 서바이벌이나 크리에이티브 플레이와는 다릅니다. 따라서 우리의 미니게임에 맞도록 몇 가지 설정이 필요합니다.

'일리저 디펜스'용 설정 명령어	의미
/gamerule announceAdvancements false	플레이어가 발전 과제를 달성했다는 알림이 모든 플레이어에게 표시되지 않게 합니다.
/gamerule doMobLoot false	몹이 죽어도 아이템을 떨구지 않습니다.
/gamerule doMobSpawning false	자연적인 몬스터 생성을 막습니다. (몬스터 생성기, 명령어 등 원인이 있으면 허용)
/gamerule doTileDrops false	블록을 부숴도 아이템을 떨구지 않습니다.
/gamerule doWeatherCycle false	자연적인 날씨 변화를 막습니다.

/gamerule keepInventory true	플레이어가 죽어도 보관함에 가지고 있는 아이템을 잃지 않게 합니다.
/gamerule sendCommandFeedback false	플레이어나 커맨드 블록 등이 실행한 명령어 결과가 모든 관리자에게 표시되지 않게 합니다.

true는 '켜기', false는 '끄기'의 뜻이 있음을 기억한다면 어떤 의미인지 대충 해석할 수 있을 것입니다. 여기서 사용한 것들 외에도 다양한 설정이 있으니 gamerule 명령어의 자동 완성 기능으로 확인해 보세요.

이와 더불어 플레이어의 **생성 지점**도 설정해야 합니다. 생성 지점은 플레이어가 처음 나타나는 장소이자 플레이어가 죽었을 때 부활하는 장소입니다. 모든 플레이어에게 기본적으로 적용되는 세계 생성 지점을 지정해 주기 위해 로비의 중앙에서 다음 명령어를 실행합니다.

/setworldspawn ~ ~ ~

명령어의 형태가 /setworldspawn <위치>이므로 ~~~를 쓰면 현재 위치를 지정할 수 있는 것입니다.

▸ 점수판(vars, kills), 보스바(defense:life) 설정

게임의 각종 상태를 저장하기 위해 점수판을 사용합니다. 아래 명령어를 실행하여 변수 (variables)용 점수판 목표인 vars를 만들어 주세요.

/scoreboard objectives add vars dummy

vars 안에서는 다음과 같은 점수를 사용할 예정입니다.

vars 안에서 사용할 점수	의미
tick, sec, min	게임 시작으로부터 min분 sec초 tick틱이 지남 (틱은 0.05초)
end_tick	게임 오버 이후 지난 틱 수
life	주민 생명력
spawn1, spawn2, spawn3	적이 생성되는 각 장소의 틱 카운트 (틱마다 1씩 증가하여 200이 되면 적이 생성됨)

그리고 플레이어마다 약탈자를 처치한 수를 화면 오른쪽에 보여 주기 위해 점수판 목표 kills를 생성합니다. 아래 명령어를 실행해 주세요.

```
/scoreboard objectives add kills minecraft.killed:minecraft.pillager
{"text":"처치한 적 수","color":"gold"}
```

kills는 약탈자를 죽일 때마다 자동으로 그 플레이어의 점수가 올라가는 점수판 목표입니다. 마인크래프트에서 자동으로 세 주니 따로 신경 쓸 필요는 없습니다.

마지막으로 보스바 설정입니다. 남은 주민 생명력을 보스바에 표시하기 위해 아래 명령어를 실행해 주세요.

```
/bossbar add defense:life {"text":"남은 생명력","color":"gold"}
```

```
/bossbar set defense:life max 5
```

이로써 최대치가 5인 보스바 defense:life를 생성했습니다.

▶ 명령어 구조 구상

이런 미니게임에서는 수십 개의 명령어들이 주어진 타이밍에 맞추어 일사분란하게 실행됩니다. 게임의 시기에 따라서 어떤 명령어들이 작동해야 하는지 먼저 구상해 보는 것이 도움이 되죠.

이 디펜스 게임에서는 '게임이 시작될 때' 실행되는 명령어들, '게임이 작동하는 도중' 실행되는 명령어들, 그리고 '게임 오버 이후' 실행되는 명령어들이 있습니다.

디펜스 게임 시점	실행되는 명령어
1. 게임이 시작될 때	(A) 게임 시작 안내
	(B) 아이템 지급
	(C) 게임 초기화
2. 게임이 작동하는 도중	(A) 적 생성
	(B) 적 움직임
	(C) 생명력 처리
	(D) 시간 처리
3. 게임 오버 이후	(A) 게임 오버 처리

▶ 명령어 구역 만들기 & 좌표 기억하기

우선 적당한 장소에 커맨드 블록들을 모아 두겠습니다. 이번 미니게임에서 사용할 커맨드 블록의 분량과 배치는 아래와 같습니다.

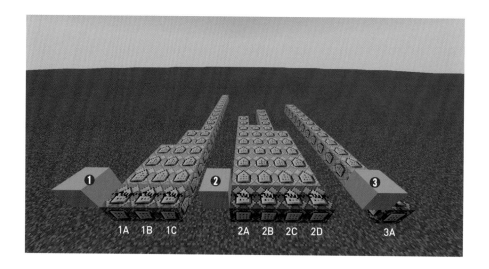

1A, 1B, 1C는 게임 시작할 때 실행되는 구간이고, 2A, 2B, 2C, 2D는 게임 도중에, 3A 는 게임 오버 이후에 실행되는 구간입니다.

여기서 노란색 콘크리트 블록들의 위치가 중요합니다. 이 위치를 레드스톤 블록으로 바꾸면 레드스톤 가루로 연결된 반응형/반복형 커맨드 블록들이 모두 실행되고 연달아 연쇄형 커맨드 블록들도 실행되겠죠? 나중에 사용해야 하니 노란색 콘크리트 블록들의 좌표를 각각 기억해 두세요. 이후에 명령어에 <1실행좌표>, <2실행좌표>, <3실행좌표>라는 말이 나오면 각각 대응되는 노란색 콘크리트 블록의 좌표를 넣어 주면 됩니다.

전부 이해한 거 맞지?
그럼 이제 만들어 보자~

만들어 보기 - 디펜스 게임

기초적인 준비를 끝마쳤으니 본격적으로 '일리저들의 공격으로부터 주민을 보호하는 디펜스 게임'을 만들어 보겠습니다.

앞서 명령어 구조를 구상할 때 우리가 만들 디펜스 게임의 명령어는 크게 세 부분(게임 시작, 게임 진행, 게임 오버)으로 나뉜다고 말했습니다. 이제부터 게임 시작(1A, 1B, 1C), 게임 진행(2A, 2B, 2C, 2D), 게임 오버(3A) 구간을 만드는 방법을 차근차근 설명할 테니 잘 따라와 주세요!

▸ 게임 시작

플레이어가 버튼을 누르면 게임이 시작됩니다. 시작 버튼은 게임장의 중앙, 즉 가운데 에메랄드 블록에 놓겠습니다.

그리고 버튼을 눌렀을 때 작동할 커맨드 블록들을 에메랄드 블록 아래에 놓아 줍니다.

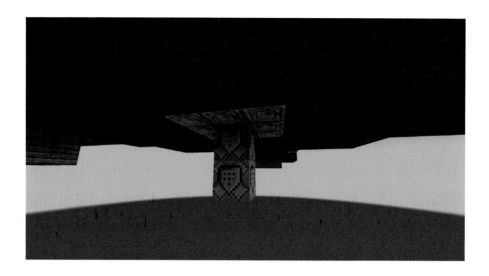

반응형과 연쇄형 커맨드 블록 각각에 아래 명령어를 입력해 주세요.

커맨드 블록	해당 블록에 입력할 명령어
반응형	setblock <시작버튼좌표> minecraft:air destroy
연쇄형	setblock <1실행좌표> minecraft:redstone_block

게임 진행 중에는 시작 버튼이 필요가 없으니 `setblock` 명령어로 먼저 부수도록 했습니다. `destroy`라고 썼으므로 원래라면 버튼 아이템이 나와야 하지만 앞에서 `doTileDrops`를 꺼 두었기 때문에 아이템은 나오지 않습니다. 그러나 파괴 취급인 것은 동일하므로 버튼이 부서질 때 나오는 소리와 입자 효과가 재생됩니다. 버튼이 그냥 사라지는 것보다 조금 더 예쁠 거예요.

그리고 1A, 1B, 1C를 동시에 실행시킬 수 있는 위치에 레드스톤 블록을 놓습니다. 게임 시작 명령어들이 실행되는 것입니다.

1A, 1B, 1C 각 줄에 다음의 명령어들을 적습니다. 반응형 커맨드 블록에 첫 명령어를 적고, 이후 연쇄 순서대로 넣으면 됩니다.

▶ **1A. 게임 시작 안내**

`title` 명령어를 이용해 플레이어에게 게임 시작 문구를 표시합니다. 그리고 소리를 재생합니다.

커맨드 블록	해당 블록에 입력할 명령어
1A-1	title @a time 0 3s 1s
1A-2	title @a title {"text":"게임 시작!","color":"gold", "bold":true}
1A-3	title @a subtitle "일리저들로부터 주민을 지켜내라!"
1A-4	execute as @a at @s run playsound minecraft:entity.player.levelup master @s ~ ~ ~ 1 0.7

1A-4 블록에서 소리를 재생할 때, 소리 크기를 충분히 크게 해서 모든 사람에게 최대 크기로 들리게 합니다.

▶ 1B. 아이템 지급

게임에 사용되는 아이템을 플레이어에게 지급하는 부분입니다.

커맨드 블록	해당 블록에 입력할 명령어
1B-1	clear @a
1B-2	effect clear @a
1B-3	kill @e[type=minecraft:item]
1B-4	give @a minecraft:wooden_sword{Unbreakable:1b}
1B-5	give @a minecraft:cooked_beef 64
1B-6	give @a minecraft:potion{Potion:"minecraft:strength"}

1B-1 블록과 1B-2 블록은 플레이어의 보관함, 상태 효과를 없앱니다.

이전 게임에서 받은 아이템을 미리 땅에 떨어뜨려 놓고 새로 아이템을 받는 방식으로 아이템을 중복해서 가지지 못하도록 1B-3 블록에서 모든 아이템 개체를 죽여 줍니다.

1B-4 블록~1B-6 블록으로 부서지지 않는 나무 검, 스테이크 64개, 힘의 물약을 지급합니다.

▶ 1C. 게임 초기화

게임을 시작할 수 있도록 각종 상태를 초기화하는 부분입니다. 상태를 모두 초기화하고 나면 본격적으로 게임을 진행하도록 합니다.

커맨드 블록	해당 블록에 입력할 명령어
1C-1	kill @e[tag=enemy]
1C-2	kill @e[tag=villager]
1C-3	scoreboard players reset @a kills
1C-4	scoreboard players set tick vars 0
1C-5	scoreboard players set sec vars 0
1C-6	scoreboard players set min vars 0
1C-7	scoreboard players set end_tick vars 0
1C-8	scoreboard players set life vars 5
1C-9	scoreboard players set spawn1 vars 0
1C-10	scoreboard players set spawn2 vars -1140
1C-11	scoreboard players set spawn3 vars -2280
1C-12	summon minecraft:villager <시작버튼좌표> {Tags:["villager"], NoAI:1b}
1C-13	effect give @e[tag=villager] minecraft:resistance infinite 4 true
1C-14	bossbar add defense:life @a
1C-15	bossbar set defense:life visible true
1C-16	scoreboard objectives setdisplay sidebar kills
1C-17	setblock <1실행좌표> minecraft:air
1C-18	setblock <2실행좌표> minecraft:redstone_block

소환된 적과 주민에게는 각각 enemy, villager 태그를 붙일 것입니다. 개체에게 태그를 붙이면, 그 태그 이름을 선택자에 사용할 수 있습니다. 예를 들어 @e[tag=enemy]는 enemy 태그가 붙은 개체를 모두 선택합니다.

1C-1 블록과 1C-2 블록에서 enemy나 villager 태그가 붙은 개체를 모두 죽입니다.

1C-3 블록에서 [처치한 적 수] 점수판을 초기화합니다.

1C-4 블록~1C-11 블록은 vars의 각종 점수를 초깃값으로 설정합니다. 시간 관련 점수는 0에서, life(생명력)는 5에서 시작합니다. 그리고 spawn1, spawn2, spawn3의 초깃값은 각각 0, -1140, -2280입니다. 틱(0.05초)마다 각 값이 1씩 증가하므로, spawn2는 spawn1보다 1140틱(57초) 늦고, spawn3는 spawn1보다 2280틱(114초) 늦은 시계라고 볼 수 있습니다. 즉, 생성 장소 2는 생성 장소 1보다 57초 늦게, 생성 장소 3은 114초 늦게 적을 생성

하기 시작한다는 것입니다. 생성 장소가 서서히 증가하는 것을 이렇게 구현했습니다.

1C-12 블록과 1C-13 블록은 시작 버튼의 좌표, 즉 게임장의 중앙에 주민을 소환합니다. 그리고 플레이어에게 공격받아도 죽지 않도록 높은 강도의 저항 효과를 부여합니다. 완전히 무적으로 설정하는 방법도 있지만, 이후에 주민이 피해를 입는 모습을 보여 주기 위해 완전 무적까지는 하지 않도록 합니다. 팀 기능을 이용하면 무적이 아닌 상태에서 몹으로부터는 공격을 받지만 플레이어로부터는 공격받지 않도록 설정하는 것도 가능은 합니다.

1C-14 블록~1C-16 블록은 보스바 defense:life가 모두에게 보이게 하고 [처치한 적수] 점수판이 화면 오른쪽에 보이게 합니다.

마지막으로, 1C-17 블록과 1C-18 블록은 게임 시작(1A~1C) 구간을 작동하게 하는 레드스톤을 제거하고 게임 진행(2A~2D) 구간을 작동하게 하는 레드스톤 블록을 놓습니다.

이로써 게임 시작을 담당하는 명령어들을 완성했습니다!

▶ 게임 진행

게임이 진행되는 도중에 실행되는 명령어들입니다. 모두 반복형 커맨드 블록으로 시작하므로 틱마다 실행됩니다. 적 생성, 적 움직임, 생명력 처리, 시간 처리로 이루어져 있습니다. 게임 진행(2A~2D) 구간의 커맨드 블록들은 앞서 1C-18 블록을 통해 놓은 레드스톤 블록에 의해 작동합니다.

▶ 2A. 적 생성
총 세 군데에서 10초마다 적(일리저)들을 생성합니다.

틱마다 spawn1, spawn2, spawn3가 1씩 증가합니다. 값에 200에 도달하면 적을 생성하고 값을 0으로 낮춥니다. 즉, 적은 200틱(10초)마다 생성됩니다.

적이 생성되는 3개의 좌표를 <생성1좌표>, <생성2좌표>, <생성3좌표>에 넣어 주세요. 게임장의 차원문 위치를 넣으면 됩니다.

커맨드 블록	해당 블록에 입력할 명령어
2A-1	scoreboard players add spawn1 vars 1
2A-2	execute if score spawn1 vars matches 200 run summon minecraft:pillager <생성1좌표> {Silent:1b,NoAI:1b,Health:20f,Tags:["enemy"]}
2A-3	execute if score spawn1 vars matches 200 run scoreboard players set spawn1 vars 0
2A-4	scoreboard players add spawn2 vars 1
2A-5	execute if score spawn2 vars matches 200 run summon minecraft:pillager <생성2좌표> {Silent:1b,NoAI:1b,Health:20f,Tags:["enemy"]}
2A-6	execute if score spawn2 vars matches 200 run scoreboard players set spawn2 vars 0
2A-7	scoreboard players add spawn3 vars 1
2A-8	execute if score spawn3 vars matches 200 run summon minecraft:pillager <생성3좌표> {Silent:1b,NoAI:1b,Health:30f,Tags:["enemy"]}
2A-9	execute if score spawn3 vars matches 200 run scoreboard players set spawn3 vars 0

여기서는 2A-1 블록~2A-3 블록의 명령어만 이해하면 됩니다. 그 뒤에 있는 줄들은 다른 생성 위치에 대해 똑같은 내용을 반복할 뿐입니다.

2A-1 블록은 spawn1에 1을 더합니다. 2A-2 블록은 spawn1이 200에 도달한 경우 적을 생성합니다. 적은 약탈자이고, 소리를 내거나 스스로 움직이지 않으며 생명력은 20에 enemy 태그를 가지고 있습니다. 그리고 2A-3 블록은 200에 도달한 spawn1을 다시 0으로 내립니다.

참고로 2A-8 블록에서 생성되는 적만 생명력을 30으로 설정하고 있습니다. 원하는 난이도에 따라 적의 생명력은 원하는 대로 조정하면 됩니다.

▶ 2B. 적 움직임

주민에게 향하는 적의 움직임을 나타냅니다.

적을 틱(0.05초)마다 주민 방향으로 0.09블록 이동시킵니다. 에메랄드 블록에 도달한 적은 사라지면서 주민 생명력을 1 감소시킵니다.

커맨드 블록	해당 블록에 입력할 명령어
2B-1	execute as @e[tag=enemy] at @s run tp @s ~ ~ ~ facingentity @e[tag=villager,limit=1] feet
2B-2	execute as @e[tag=enemy] at @s unless entity @e[tag=villager, distance=..1] run tp @s ^ ^ ^0.09
2B-3	execute as @e[tag=enemy] at @s if block ~ ~-1 ~ minecraft:emerald_block run scoreboard players remove life vars 1
2B-4	execute as @e[tag=enemy] at @s if block ~ ~-1 ~ minecraft:emerald_block run damage @e[tag=villager,limit=1] 0.01
2B-5	execute as @e[tag=enemy] at @s if block ~ ~-1 ~ minecraft:emerald_block run playsound minecraft:block.anvil.place master @a
2B-6	execute as @e[tag=enemy] at @s if block ~ ~-1 ~ minecraft:emerald_block run tellraw @a {"text":"주민이 공격받았습니다!","color":"red"}
2B-7	execute as @e[tag=enemy] at @s if block ~ ~-1 ~ minecraft:emerald_block run kill @s

2B-1 블록은 적이 주민을 바라보도록 합니다. `tp` 명령어에서 `facing entity @e[tag=villager,limit=1]`은 '주민을 바라보도록 방향 회전'이라는 뜻입니다.

2B-2 블록은 적이 바라보고 있는 방향 기준 앞쪽으로 0.09블록 이동하도록 합니다.

2B-3 블록~2B-7 블록은 적의 아래 블록이 에메랄드 블록일 때를 처리합니다. `life`(주민 생명력)를 1 감소시키고, 주민이 피해를 입는 것처럼 보이도록 주민 개체에 0.01의 피해를 줍니다. 모루가 떨어지는 소리를 재생하고, 주민이 공격받았다는 메시지를 대화란에 출력하고, 마지막으로 에메랄드 블록에 도달한 적을 제거합니다.

▶ 2C. 생명력 처리

`life`의 값이 보스바에 제대로 보이게 하고, 남은 `life`에 따라 보스바의 색깔을 바꿉니다. `life`가 0 이하가 되면 게임 진행을 멈추고 게임 오버 처리를 시작합니다.

커맨드 블록	해당 블록에 입력할 명령어
2C-1	execute if score life vars matches 5 run bossbar set defense:life value 5
2C-2	execute if score life vars matches 4 run bossbar set defense:life value 4
2C-3	execute if score life vars matches 3 run bossbar set defense:life value 3
2C-4	execute if score life vars matches 2 run bossbar set defense:life value 2
2C-5	execute if score life vars matches 1 run bossbar set defense:life value 1
2C-6	execute if score life vars matches ..0 run bossbar set defense:life value 0
2C-7	execute if score life vars matches 4.. run bossbar set defense:life color green
2C-8	execute if score life vars matches 2..3 run bossbar set defense:life color yellow
2C-9	execute if score life vars matches ..1 run bossbar set defense:life color red
2C-10	execute if score life vars matches ..0 run setblock <2실행좌표> minecraft:air
2C-11	execute if score life vars matches ..0 run setblock <3실행좌표> minecraft:redstone_block

2C-1 블록~2C-6 블록은 `life`의 값이 5, 4, 3, 2, 1, 그리고 0 이하일 때 보스바의 값도 5, 4, 3, 2, 1, 0이 되도록 합니다. 이렇게 값을 일치시켜 주기 때문에 보스바로 남은 주민 생명력을 확인할 수 있습니다.

2C-7 블록~2C-9 블록은 `life`의 값이 5일 때 보스바를 초록색으로 바꾸고, 값이 2~3

일 때 노란색으로, 1 이하일 때 빨간색으로 바꿉니다. 보스바가 빨간색이면 상황이 더 긴박하게 느껴지겠죠?

2C-10 블록과 2C-11 블록은 life의 값이 0 이하로 떨어졌을 때 게임 진행(2A~2D) 구간을 작동시키는 레드스톤 블록을 없애고 게임 오버(3A) 구간을 작동시키는 레드스톤 블록을 놓습니다. 그러면 게임 진행을 담당하는 명령어들이 멈추고 게임 오버 처리가 시작됩니다.

▶ 2D. 시간 처리

게임이 시작된 때로부터 생존 시간을 잽니다. 생존 시간은 액션바에 표시됩니다.

커맨드 블록	해당 블록에 입력할 명령어
2D-1	scoreboard players add tick vars 1
2D-2	execute if score tick vars matches 20 run scoreboard players add sec vars 1
2D-3	execute if score tick vars matches 20 run scoreboard players set tick vars 0
2D-4	execute if score sec vars matches 60 run scoreboard players add min vars 1
2D-5	execute if score sec vars matches 60 run scoreboard players set sec vars 0
2D-6	title @a actionbar [{"text":"생존 시간 : ","color": "gold","bold":true}, {"score":{"name":"min","objective":"vars"},"color":"white"},"분 ",{"score":{"name":"sec","objective":"vars"},"color":"white"},"초"]

2D-1 블록~2D-5 블록을 통해 틱(0.05초)마다 tick이 1 증가하고, tick이 20에 도달하면 sec을 1 증가시킨 뒤 tick을 0으로 만듭니다. 20틱이 1초이기 때문에 그렇게 교환해서 세 주는 것입니다. sec이 60에 도달하면 역시 60초를 1분으로 교환합니다.

2D-6 블록은 min, sec 값을 액션바에 표시해 줍니다. {"score":{"name":"min","objective":"vars"},"color":"white"}는 vars 목표의 min 점수를 하얀색으로 표시하라는 의미이고, sec에 대해서도 같습니다.

▶ 게임 오버

게임 오버 시 실행되는 명령어들입니다.

▶ 3A. 게임 오버 처리

앞서 살펴본 것처럼 life가 0 이하가 되어 2C-11 블록의 명령어가 실행되면 게임 오버 (3A) 구간을 작동시키는 레드스톤 블록을 놓습니다. 그때부터 게임 오버 처리가 시작됩니다. 반복형으로 시작하므로 틱마다 실행됩니다.

커맨드 블록	해당 블록에 입력할 명령어
3A-1	execute if score end_tick vars matches 0 run kill @e[tag=villager]
3A-2	execute if score end_tick vars matches 0 run kill @e[tag=enemy]
3A-3	execute if score end_tick vars matches 0 run bossbar set defense:life visible false
3A-4	execute if score end_tick vars matches 0 run title @a times 0.5s 3s 1s
3A-5	execute if score end_tick vars matches 0 run title @a title {"text":"게임 오버!","color":"red","bold":true}
3A-6	execute if score end_tick vars matches 0 run title @a subtitle {"text":"주민이 사망했습니다.","color":"gray"}
3A-7	execute if score end_tick vars matches 0 as @a at @s run playsound minecraft:entity.villager.death master @s
3A-8	execute if score end_tick vars matches 0 run summon firework_rocket -6 -32 11 {FireworksItem:{id:"firework_rocket",Count:1,tag:{Fireworks:{Explosions:[{Type:1,Flicker:1b,Colors:[I;7208960]}]}}}}
3A-9	execute if score end_tick vars matches 100 run tellraw @a [{"text":"생존한 시간은 ","color":"gold"},{"score":{"name":"min","objective":"vars"}},{"text":"분 ","color":"gold"},{"score":{"name":"sec","objective":"vars"}},{"text":"초입니다.","color":"gold"}]
3A-10	execute if score end_tick vars matches 140 run setblock <3실행좌표> minecraft:air
3A-11	execute if score end_tick vars matches 140 run setblock <시작버튼좌표> minecraft:stone_button[face=floor,facing=south]
3A-12	execute if score end_tick vars matches 140 run tellraw @a [{"text":"다시 플레이하려면 시작 버튼을 눌러 주세요.","color":"gray"}]
3A-13	scoreboard players add end_tick vars 1

3A-13 블록을 통해 매 틱마다 end_tick이 1 증가하고, 그 시간에 따라 처리가 일어납니다.

0틱(0초): 3A-1 블록~3A-8 블록을 통한 설정 부분입니다. 주민과 적을 죽입니다. 보스바가 보이지 않도록 하고, 게임 오버 문구를 표시합니다. 주민이 죽는 소리를 출력하고, 주민 위치에 붉은 폭죽을 터트립니다.

100틱(5초): 3A-9 블록은 대화란에 생존 시간을 출력합니다.

140틱(7초): 3A-10 블록~3A-12 블록은 더 이상 명령이 실행되지 않도록 하고, 시작 버튼을 다시 놓습니다. 그리고 다시 플레이하려면 시작 버튼을 누르라는 안내를 출력합니다.

여러 명령어를 시간에 맞춰 실행하는 방법에는 이렇게 execute if score를 이용하는 방법도 있고, 중계기 같은 레드스톤 회로를 써서 지연을 주는 방법도 있습니다. 어떤 방법을 써도 기본적으로는 동일하게 작동합니다. 그러나 끝까지 실행이 완료되지 않은 상황에서 신호가 한 번 더 들어오는 경우가 있으면 어떻게 동작하는지를 고려해야 할 때가 있습니다.

▶ 완성

이것으로 디펜스 게임이 완성되었습니다. 게임 시작 버튼을 누르고, 게임이 제대로 작동하는지 확인해 주세요.

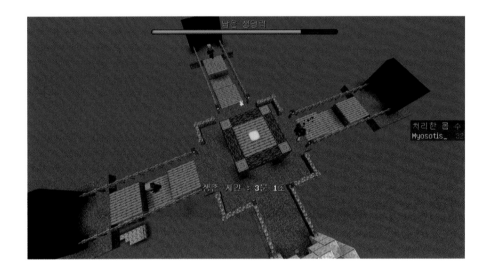

많은 명령어가 서로 유기적으로 동작하므로, 작은 오타나 실수가 정상적인 작동을 방해할 수 있습니다. 게임을 실행해 보면서 문제를 찾는 것도 게임 개발의 중요한 부분입니다. 발생한 문제를 바탕으로 잘 생각해 보고 실수가 어디에 있었는지 찾아내서 고쳐 보세요!

정상적으로 잘 실행된다면 최대한 오래 생존하면서 게임의 난이도는 적당한지, 더 개선할 부분은 없을지 생각해 보세요.

마치며

이 책에서 최종적으로 만들어 본 디펜스 게임의 난이도는 1인용으로 맞춰져 있습니다. 2~3인 플레이를 지원하려면 어떻게 수정하는 게 좋을까요? 지금은 약탈자만 적으로 등장하는데, 다양한 적을 추가해 볼 수 있겠습니다. 재빠른 아기 좀비나 거미, 아니면 주변의 플레이어들을 밀쳐내는 폭탄 좀비 같은 것을 구현해 보는 것도 재밌을 것입니다. 시간이 지날수록 더 강한 적이 추가되게 할 수도 있죠.

여기까지 배운 레드스톤과 명령어의 기본을 기억하면, 재능 있는 여러분이라면 많은 곳에 응용할 수 있을 것입니다. 친구들에게 신기한 몇 가지를 만들어서 보여 주는 데 쓸 수도 있고, 저희처럼 마인크래프트를 이용한 창작에 본격적으로 참여할 수도 있고요. 원리를 이해하고, 떠오르는 것을 창작하고, 새로운 것에 도전하는 모든 활동이 여러분에게 즐거움을 줄 수 있기를 바랍니다.

한편, 레드스톤과 명령어가 마인크래프트 시스템 개발의 전부는 아닙니다. 명령어와 함께 자주 쓰이는 데이터 팩이나, 흔히 플러그인이라고 부르는 서버 모드 개발, 그리고 게임 자체의 코드를 수정하여 한계 없이 게임을 개조하는 모드 개발까지 다양한 방식이 존재합니다. 하나하나 여러분에게 추천하고 싶어서 참을 수 없을 정도예요!

그렇지만 이 책에서 저희가 준비한 내용은 여기까지입니다. 함께한 시간은 즐거우셨나요? 그럼 다음에도 다시 마인크래프트에서 만날 수 있길 바라며, 그때까지 안녕!

2024년, 마인크래프트 하기 좋은 어느 멋진 날에

우마공 운영진

마인크래프트
미니게임 만들기

1판 1쇄 발행 2024년 2월 26일
1판 2쇄 발행 2024년 8월 16일

저   자 | 우마공 운영진(박상우, 박재온 외 2인)
발 행 인 | 김길수
발 행 처 | (주)영진닷컴
주   소 | (우)08512 서울특별시 금천구 디지털로 9길 32
          갑을그레이트밸리 B동 1001호
등   록 | 2007. 4. 27. 제 16-4189호

ISBN | 978-89-314-7444-2